Holst

Das ABC der Musik

Imogen Holst

Das ABC der Musik

Grundbegriffe, Harmonik, Formen, Instrumente

Mit einem Vorwort
von Benjamin Britten

Mit 164 Notenbeispielen
und 30 Abbildungen

Aus dem Englischen übersetzt
von Meinhard Saremba

Philipp Reclam jun. Stuttgart

Titel der englischen Originalausgabe:
An ABC of Music. A short practical guide to the basic essentials of rudiments, harmony, and form. Oxford / New York: Oxford University Press, 1963.

Universal-Bibliothek Nr. 8806

Instrumenten-Zeichnungen: Gianluca Poletti und Bruno Agostinone
Satz: Utesch Satztechnik GmbH, Hamburg
Druck und Bindung: Reclam, Ditzingen. Printed in Germany 1996

ISBN 3-15-008806-2

Inhalt

Vorwort

Ein junger Freund von mir spielt schon seit einigen Jahren Gitarre, und er ist wirklich begabt: Er hat ein Gespür für den Klang des Instruments, beträchtliche technische Fertigkeiten und die Geduld, hart zu arbeiten. Aber er kann keine Noten lesen und weiß auch nicht, woraus sich die Musik eigentlich zusammensetzt. Schlimmer ist freilich, daß er sich einfach weigert, etwas dazuzulernen. »Zu langweilig und zu mühsam«, meint er, »das ist die Sache doch irgendwie nicht wert.« Zwar spielt er zumeist Tanzmusik, wobei das Spielen nach Noten vielleicht nicht ganz so wichtig ist, aber er hat auch großes Interesse an anspruchsvoller Musik, und die Lautenkompositionen von John Dowland faszinieren ihn geradezu. Sobald dieses Buch erschienen ist, möchte ich ihm ein Exemplar schicken, damit er sieht, daß es keineswegs langweilig oder zu mühselig sein muß, das Notenlesen und die Grammatik der Musik zu erlernen. Wenn er nach Noten vom Blatt spielen kann, wird er auch feststellen, daß es wirklich »der Mühe wert« ist. Es mag durchaus sein, daß man Melodien aufschnappen und Akkorde ungefähr dazu anschlagen *kann*, ohne daß man sie zu lesen vermag, aber ich bezweifle, daß jemand, der diese (oft überbewertete) Gabe besitzt, »nach Gehör« zu spielen oder zu singen, sich leicht und rasch eine Begleitung von Dowland aneignet, *genau* wie dieser sie geschrieben hat (und auf das »genau« kommt es an). Das gleiche gilt für die Tanzrhythmen von Strawinsky oder die Mittelstimmen eines komplizierten Madrigals bzw. mehrstimmigen Liedes – was jeder, der etwas Chorerfahrung besitzt, bestätigen wird.
Nein, ich würde dieses Buch nicht nur diesem jungen Gitarrenspieler zukommen lassen, sondern auch vielen meiner Freunde, die in Laiengruppen singen oder Blockflöte spie-

len und häufig in die peinliche Situation geraten, beim Musizieren völlig aus dem Takt zu kommen.
Glücklicherweise ist es heute selbstverständlich geworden, in den meisten staatlichen und privaten Schulen ein musikalisches Grundwissen zu vermitteln. Lehrern kann ich dieses Buch nur nachdrücklich empfehlen. Imogen Holst besitzt unvergleichliche didaktische Fähigkeiten; sie weiß, wie man das Interesse des Schülers wachhält – nämlich indem sie ernsthaft, doch ohne Pathos, kurzgefaßt, doch nicht im Telegrammstil schreibt und den Text mit anschaulichen Vergleichen aus ihrem umfassenden Wissen über die Kunst und das Leben anreichert.

[1963] *Benjamin Britten*

Einleitung

Dieses Buch bietet eine kurze Einführung in die Sprache der Musik. Seine Aufgabe besteht darin, dem Leser zu vermitteln, wie man die »Grundtöne« dieser Sprache erkennen kann; wie man sie aufschreibt; wie Noten mit Hilfe des Rhythmus zu Melodien werden; wie Melodien Harmonien erzeugen können; wie aus Harmonien große Formen entstehen und wie die Form untrennbar mit der Struktur der Musik verbunden ist, die sich mit den sich wandelnden Bedürfnissen jedes Jahrhunderts verändern kann.
Wie der Titel schon zu verstehen gibt, beginnt dieses ABC ganz am Anfang und geht dann schrittweise vor. Es ist als ein »Aufbau-Wörterbuch« gedacht, bei dem jede Definition zur nächsten führt und neue Fachbegriffe erst dann auftauchen, wenn ihre Erläuterung erforderlich wird. Jedes neu definierte Wort erscheint **halbfett**, und diejenigen, die dieses ABC als Nachschlagewerk für die Grundbegriffe der Musik verwenden möchten, finden am Schluß ein Register.
Einiges wird manchen Lesern vertraut sein, und selbst Anfänger werden vieles finden, was sie bereits wissen. Aber wenn man beabsichtigt, die Grammatik der Musik von Grund auf zu lernen, ist es ratsam, auf jeden Fall die erste Hälfte des Buches fortlaufend zu lesen und den Klang der Musikbeispiele wirklich auszuprobieren, bevor man im Text weitergeht.
Ein ABC muß kurz sein: Hier ist nur Platz, um bloße Fakten zu vermitteln. Auch vermag kein Buch einen Lehrer aus Fleisch und Blut zu ersetzen. Wer die folgenden Kapitel liest, darf nicht erwarten, zu lernen, wie man harmonisiert, ebensowenig erhält er eine kurzgefaßte Musikgeschichte; die kleinen Beispiele können nur einen flüchtigen Eindruck von dem geben, was sich in jedem Jahrhundert ereignete, und der verbindende rote Faden, der sich durch die leben-

dige Sprache der Musik zieht, kann in dieser ungefähr chronologischen Abfolge nur angedeutet werden.
Die Sprache der Musik bleibt wie jede andere Sprache leblos, wenn sie auf ein Regelwerk in einem Lehrbuch beschränkt ist: Ebensowenig nützen Kenntnisse der französischen oder italienischen Grammatik, wenn sie nicht schließlich zu einer Unterhaltung in diesen Sprachen führen. Die Regeln der musikalischen Grammatik, die in den folgenden Kapiteln vermittelt werden, sind für einen weiterführenden Gebrauch gedacht, der über den Rahmen eines Sachbuchs hinausgeht. Sie können sich durchaus auch für Prüfungskandidaten als nützlich erweisen, die bislang keine Gelegenheit hatten, nach dem »Warum?« zu fragen. Aber ich denke dabei nicht nur an Schüler und Studenten. Dieses Buch wurde auch für jene Laiensänger und -instrumentalisten geschrieben, die Notenlesen noch immer für schwierig halten, sowie für die wachsende Zahl von Musikfreunden, die den Klängen, die sie hören, auf den Grund gehen wollen. Das Ziel, das sich daraus ergibt, besteht in einem lebendigeren Singen und Spielen sowie in einem lebendigeren Hörerlebnis.

Teil I

Das musikalische Alphabet

Kapitel 1: Musikalische Klänge

Unter **Geräuschen** verstehen wir alles, was man hören kann: eine tickende Uhr, das Zuschlagen einer Tür, Hundegebell, beim Auto das Schalten in den niedrigeren Gang bei einer Bergfahrt, Wind in den Bäumen, eine Stimme, die im Nebenraum spricht, und eine andere, die im Haus gegenüber singt.

Die Singstimme reicht weiter als die Sprechstimme. Wenn jemand »Wo bist du?« murmelt, kann man das zwar im Zimmer hören, aber wenn die Frage bis ans andere Ende eines großen Platzes dringen soll, muß man die Stimme höher als bei einer normalen Unterhaltung ansetzen und die gesprochenen Worte zu einem Rufen umformen. Jedes Wort fährt auf einem langgezogenen, unbeirrbaren Schallpegel durch die Luft:

BIST———
»Wo——— du———?«

Durch das Heben der Stimme wird die Bedeutung der Wörter deutlicher voneinander abgesetzt, und die Antwort ahmt diese beiden unterschiedlichen Pegel wohl ganz instinktiv nach:

KOM———
»Ich——— me!«

Das ist **Singen**.

Jeder deutlich ausgehaltene Schallpegel ist ein **Ton**.

Die Höhe oder Tiefe jedes Tons gibt die **Tonhöhe** an.

Veränderungen der Tonhöhe können genauso präzise gemessen werden wie Temperaturschwankungen. Der physikalische Ursprung eines Tons ist die **Schwingung**. (Man braucht nur etwa ein gewöhnliches dünnes Gummiband bis zum äußersten zu spannen und dann mit einem Finger daran zu zupfen, um das rasche Auf und Ab der Schwingungen zu beobachten.)

Eben dieses gleichmäßige Auf- und Abschwingen erzeugt den **musikalischen Klang** einer bestimmten Tonhöhe. **Nichtmusikalische Klänge** sind unregelmäßig und von unbestimmter Tonhöhe.

Das vollständige Auf und Ab einer Schwingung ist die Einheit, die Veränderungen der Tonhöhe mißt. Die Anzahl der Schwingungen pro Sekunde nennt man **Frequenz**, angegeben in Hz (= Hertz, benannt nach dem österreichischen Physiker Heinrich Hertz, 1857–1894). Ein hoher Ton hat eine größere Frequenz als ein tiefer. Der tiefste Ton auf dem Klavier hat ungefähr eine Frequenz von 30 Hz, der höchste eine von etwa 4000 Hz.

Die beiden Töne von »KOM——me!« dürften so etwa im Frequenzbereich von 523 Hz und 440 Hz liegen, aber kein Musiker würde sich je über die tatsächliche Anzahl der Schwingungen eines jeden Tons, den er gerade singt, Gedanken machen. Zu Anfang wird er sich den Ton von einem Instrument »geben« lassen, um einen Bezugspunkt zu haben, aber danach wird er die Höhe jedes anderen in Bezug zu diesem Ausgangston finden. Manche Musiker, selbst wenn sie noch Anfänger sind, haben das sogenannte **absolute Gehör**: Sie können ohne Hilfsmittel jede gefragte Tonhöhe sofort ausmachen. Andere müssen ihre Fähigkeit, etwas wiederzuerkennen, so weit entwickeln, daß sie auf ihr **relatives Gehör** vertrauen können.

Jeder Musiker – sei er nun Komponist, Sänger oder Instrumentalist – muß sein »inneres Ohr« derart ausbilden, daß er sich im Geist den Klang eines jeden Tons vorstellen kann, genauso wie ein Maler in einem verdunkelten Raum jede Farbe des gesamten Spektrums vor seinem geistigen Auge sehen kann.

Die Palette von Farben, die einem Maler zur Verfügung steht, ist umfangreicher als die Auswahl der Töne, über die ein Musiker gebietet, denn die Hauptfarben des Spektrums können allmählich so viele Abstufungen durchlaufen, daß es scheint, als gingen sie kaum wahrnehmbar ineinander über. Es gibt auch Klänge – beispielsweise das Pfeifen des Windes im Schornstein –, die in unendlich kleinen Schritten von einer Tonhöhe zur nächsten wechseln. Dabei handelt es sich jedoch um unkontrollierbare Klänge: Sie lassen sich nicht in ein System bringen. Musiker müssen sich an eine überschaubare Anzahl von Tonhöhen halten. Im Fernen Osten kann die Musik sich von einer Tonhöhe zur anderen über sehr kleine Tonstufen, sogenannte **Mikrotöne**, verändern. Im Westen beschränken sich die Komponisten hingegen in der Regel auf wenige, genau festgelegte Tonhöhen.

Ein großer Teil der Musik basiert auf einem System von nur **sieben Tönen** mit fünf »Zusatz«-Tönen, die bei Bedarf verfügbar sind. Die sieben Töne haben fast genau die gleichen Namen wie die ersten Buchstaben des Alphabets: A, H (im Englischen: B), C, D, E, F, G. Ihnen entsprechen die weißen Tasten des Klaviers. (Das Klavier ist zwar keine notwendige Voraussetzung, um Noten zu lernen, es kann jedoch sehr hilfreich sein, weil man hier alle Noten ständig vor Augen hat.) Mit den »schwarzen« Tasten stehen die fünf »Zusatz«-Töne für besondere Fälle zur Verfügung: Ihre Einteilung in Zweier- und Dreiergruppen erleichtert das Auffinden der Töne auf den weißen Tasten:

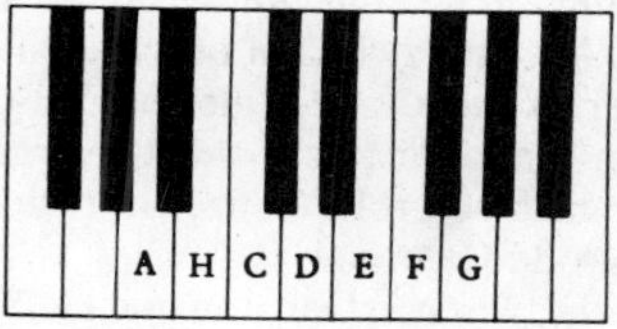

Dieses Schema kehrt immer wieder. Der Einfachheit halber fängt man mit der Tongruppe in der Mitte des Instruments an, wo sich das C – das sogenannte **eingestrichene C** – befindet. Hört man sie der Reihe nach, so erscheinen die sieben Töne wie die Stufen einer Leiter. Man kann sie auch durchnumerieren: 1, 2, 3, 4, 5, 6, 7. Die Leiter klingt jedoch unvollständig ohne die achte Stufe, die man **Oktave** nennt. Dabei handelt es sich um keinen neuen Ton; es ist ebenfalls ein A, der gleiche Ton wie auf der ersten Stufe, doch anstatt am Fuße befinden wir uns nun am oberen Ende der gesamten Leiter:

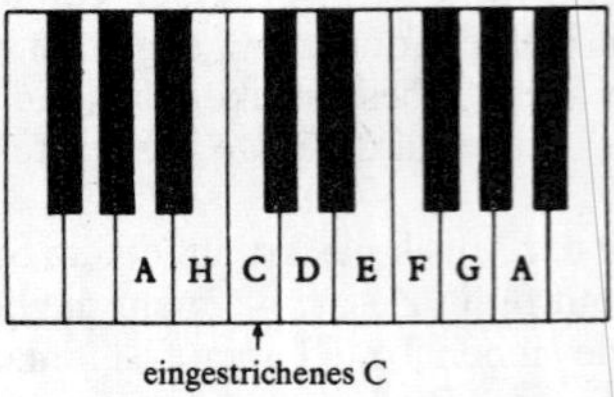

Das A über dem eingestrichenen C ist der Ton, den eine Stimmgabel mit der Frequenz 440 Hz wiedergibt. An ihm orientieren sich die Orchestermitglieder, wenn sie vor Konzertbeginn ihre Instrumente **stimmen**. (Gute **Intonation** bedeutet, daß man rein, schlechte Intonation, daß man unrein singt oder spielt.)
Die Leiter der »Klangstufen« vom A bis zu seiner Oktave nennt man **Tonleiter**. Eine Tonleiter von sieben Noten mit ihrer Oktave wird nach dem griechischen Wort für »durch die Tonfolge hindurch« (*dia tonos*) oft als **diatonisch** bezeichnet. Der Abstand zwischen den Stufen einer diatonischen Tonleiter ist nicht immer gleich. Zwischen H und C sowie zwischen E und F ist der Schritt – verglichen mit den anderen – nur halb so groß. Ganze Schritte heißen **Ganztöne**, halb so große **Halbtöne**.
Klanglich besteht zwischen Ganzton und Halbton ein erheb-

licher Unterschied. Eine gute Hörübung, die dies deutlich macht, besteht darin, mit dem A über dem eingestrichenen C anzufangen und dann einen Ganzton tiefer – das G – zu spielen oder zu singen, dann wieder einen Ganzton tiefer zu F und einen Halbton tiefer zu E:

A
G
F
E

Dieses Grundmuster bezeichnet man als **Tetrachord** (nach den vier Tönen eines griechischen Saiteninstruments). Das gleiche Schema von zwei absteigenden Ganztönen, auf die ein Halbton folgt, kann auch vom E bis hinunter zum H ausgehen:

E
D
C
H

Den üblichen Buchstaben des Alphabets kann man bei einem so einfachen Schema leicht folgen, aber bei komplizierteren Musikstücken würden sie nur irritieren. Deshalb haben die Musiker ihr eigenes Schreibsystem entwickelt, das man als **Notation** bezeichnet.

Kapitel 2: Notation

Als früheste schriftlich überlieferte Musik sind in Europa die **Gregorianischen Gesänge** bzw. **Choräle** erhalten geblieben. Sie werden in der römisch-katholischen Kirche nach wie vor verwendet. Man singt Psalmen und Gebete in Prosa mit dem Rhythmus und der Modulierung der gesprochenen Worte.

Die Sänger, die im Mittelalter ihre Lieder erstmals schriftlich festhalten wollten, setzten zunächst Zeichen über die Worte, um die Tonhöhe anzudeuten. Für ein »Amen« auf den Tönen F–G gaben sie den Buchstaben F als Ausgangspunkt an und schrieben dann ein Zeichen, das den Aufschwung zum G andeutet:

Bsp. 1

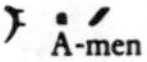

Etwa um das Jahr 1000 ersann man dann eine horizontale Linie, die aus dem Buchstaben F entspringt und die Tonhöhe bei F darstellt. Für das »Amen« in Bsp. 1 setzte man für den Ton F einen **Punctus** auf die Linie (d. h., die Linie geht durch ihn hindurch) und für das G einen weiteren Punctus genau oben auf die Linie. (Da man mit Federkielen schrieb, waren die »Punkte« jedoch viereckig.)

Bsp. 1a

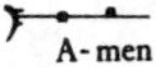

Den Buchstaben F am Anfang der Linie bezeichnete man als **Schlüssel**, da man sich mit ihm die richtige Tonhöhe »erschließen« konnte.
Auch der Buchstabe C wurde als Schlüssel verwendet. Ein »Amen«, das auf dem C beginnt und zum H absteigt, notierte man wie folgt:

Bsp. 2

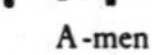

Später fügten die Musiker des Mittelalters noch drei weitere horizontale Linien hinzu, um das Aufschreiben von Melodien zu erleichtern, die sich höher oder tiefer bewegten. Die vier Linien nannte man **Notenlinien**. Die Punkte, die die auf- oder absteigenden Töne einer Tonleiter markierten, schrieb man abwechselnd *auf die Linien* oder *in den Zwischenraum* dieser Linien. Den Schlüssel konnte man damals in irgendeine dieser vier Linien eintragen. Obwohl die einzelnen Notenlinien in gleichem Abstand zueinander gezogen wurden, wußten die Sänger, daß der *klangliche Abstand nicht immer gleich* war, denn die Stellung des Schlüssels warnte sie vor den Halbtonschritten H–C bzw. E–F:

Bsp. 3

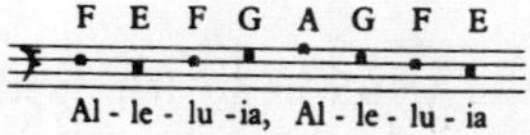

Diese Methode, Musik aufzuschreiben, ist fast genau die gleiche, die wir heute verwenden. Wir haben den Notenlinien noch eine fünfte hinzugefügt, und die Punkte, die den Klang der Töne angeben, sind jetzt oval statt viereckig und heißen **Noten**.

Der Buchstabe F wird noch immer als Schlüssel verwendet, lediglich sein Aussehen hat sich von) zu 𝄢: verändert (gelegentlich auch als ℭ: geschrieben, aber diese irritierende Fassung ist ziemlich veraltet). In der modernen Notation wird der **F-Schlüssel** immer mit den beiden Punkten ober- und unterhalb der vierten Linie von unten geschrieben, um die Lage des F unterhalb des eingestrichenen C anzugeben:

Bsp. 3a

Den F-Schlüssel bezeichnet man auch als **Baßschlüssel**. Er wird für alle tiefen Stimmen und Instrumente verwendet.

Der **C-Schlüssel** kommt in der modernen Notation nicht so häufig vor, aber man braucht ihn dennoch für einige Instrumente mit mittlerer Tonlage. Das C wird jetzt als 𝄡 geschrieben und umschließt entweder die 3. Linie für den **Altschlüssel** oder die 4. Linie für den **Tenorschlüssel**. Die so umfaßte Linie gibt immer die Lage des eingestrichenen C an:

Bsp. 2a

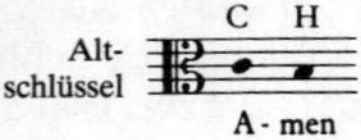

Bsp. 2b

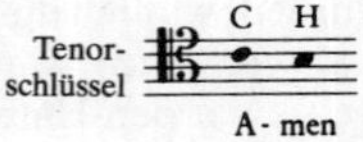

(gleiche Tonhöhe wie Bsp. 2a)

Ein dritter Schlüssel wurde im 16. Jahrhundert hinzugefügt. Dabei handelt es sich um den **G-Schlüssel**, der nun für alle höheren Stimmen und Instrumente verwendet wird. Man bezeichnet ihn als **Violinschlüssel** und schreibt ihn mit einer Schleife, die die 2. Linie einkreist, um die Lage des G über dem eingestrichenen C darzustellen. Zunächst gab man das G mit **G** oder 𝄞 an: unterdessen ist es etwas dekorativer geworden:

Bsp. 3b

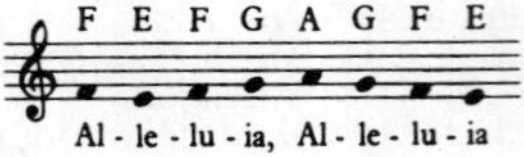

(eine Oktave höher klingend als Bsp. 3a)

Bei dem absteigenden Tetrachord von E nach H auf Seite 17 würden die Noten C und H – stünden sie im Violinschlüssel – vorübergehend noch eine »Zusatz«-Linie zu den Notenlinien benötigen, eine sogenannte **Hilfslinie**:

Bsp. 4

Hilfslinien werden für die Noten verwendet, die für das Liniensystem zu hoch oder zu tief liegen. Bsp. 5 zeigt vom tiefsten bis zum höchsten C alle Töne der weißen Klaviertasten, mit den entsprechenden Buchstaben bezeichnet, die normalerweise zur Beschreibung der Tonhöhe in den verschiedenen Oktaven verwendet werden. Das eingestrichene C – geschrieben c′ – ist in beiden Schlüsseln angegeben.
Durch die vielen Hilfslinien sind die höchsten und die tief-

Bsp. 5

sten Noten in Bsp. 5 schwer zu identifizieren. Man notiert sie deshalb **all'ottava** (»in der Oktave«), mit dem Zeichen 8va----- (oder 8^{-----}) wie in Bsp. 5a und 5b.

Bsp. 5a

Bsp. 5b

Die vielen Noten in Bsp. 5 kann man sich nicht alle auf einmal merken. Man prägt sie sich am besten dadurch ein, daß man zwei oder drei gleichzeitig lernt und mehrfach wiederholt, bevor man sich die nächsten zwei oder drei vornimmt.

Mit dem Erlernen des *musikalischen Alphabets* ist es genauso wie mit jedem anderen Alphabet einer Fremdsprache: Die geschriebenen Silben müssen durch den Klang eingeübt werden. Töne, die für sich allein stehen, ergeben musikalisch keinen Sinn, aber sobald sie miteinander zu einer Klangfolge in Verbindung gebracht werden, bleiben sie leichter im Gedächtnis haften.

Kapitel 3: Phrasen

Die für den Anfang am besten geeigneten Klangfolgen sind kurze **Phrasen**, die *schrittweise* auf- und absteigen, wie in den Gregorianischen »Halleluja«-Rufen von Bsp. 6–8.

Bsp. 6

Bsp. 7

Bsp. 8

Jedes dieser »Hallelujas« hat seine eigene charakteristische **Gestalt**. Obwohl die Schritte alle nur einen Ton höher bzw. tiefer gehen, macht es gerade dieser Richtungswechsel nach oben oder unten leicht, die einzelnen Stücke voneinander zu unterscheiden. In Bsp. 9 ist das Notenbild das gleiche wie in Bsp. 8, aber die Klangfolge hat einen anderen Charakter, weil die letzten beiden Noten nur um einen Halbton auseinander sind.

Bsp. 9

Bsp. 9a

Bsp. 9a zeigt eine **Variante** von Bsp. 9; auf die dritte Silbe entfallen nun mehr als eine Note.
Die gekrümmte Linie, die die beiden Noten in Bsp. 9a verbindet, nennt man **Legatobogen**. Auf diese Weise miteinander verbundene Noten werden sehr fließend und ausdrucksvoll vorgetragen, wobei am Anfang des Legatobogens eine leichte Betonung und am Schluß eine leichte Entspannung erfolgt:

Bsp. 10

In Bsp. 11 sind die **wiederholten Noten** zu Beginn der Phrase durch den Konsonanten am Anfang jeder neuen Silbe voneinander getrennt, im Gegensatz zu dem sanften Auf und Ab der gebundenen Noten:

Bsp. 11

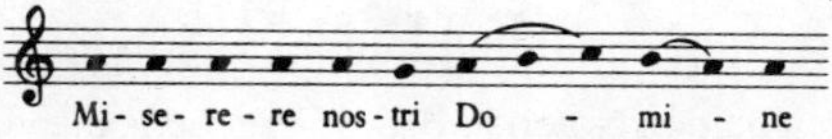

Die Lücke zwischen den letzten beiden Noten in Bsp. 12 ist ein **Sprung**. (Dieser kann aber ebenso weich gesungen werden wie stufenweise fortschreitende Noten.)

Bsp. 12

Der Abstand in der Tonhöhe zwischen zwei Noten heißt **melodisches Intervall**.
Eine Bewegung um eine Stufe nach oben oder unten ist das Intervall der **Sekunde**.
Der Sprung am Schluß von Bsp. 12, wo C und A drei Noten auseinanderliegen, ist eine **Terz**. (Wenn man die Größe eines Intervalls berechnen will, sollte man immer mit der *tieferen* Note anfangen; man stelle sie sich als den ersten Schritt eines stufenweisen Aufstiegs vor und zähle diese Note als »eins«.) Die Terz in Bsp. 12 wird – entsprechend der Sprungrichtung – als »fallende« Terz bezeichnet.
In Bsp. 13 ist der Intervallsprung eine »aufsteigende« **Quarte**:

Bsp. 13

(Zum Üben der Intervalle kann man beim Singen zunächst die fehlenden Tonschritte ergänzen: in Bsp. 13 etwa G–A–H–C. Danach kann man die Noten weglassen, die nicht dazugehören, und das Intervall ergibt sich dann von selbst.) In Bsp. 14 ist das Intervall eine »fallende« **Quinte**:

Bsp. 14

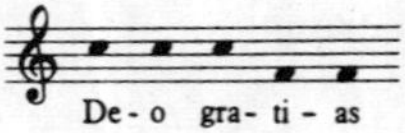

Die letzten beiden Noten in Bsp. 15 ergeben eine »fallende« **Sexte**:

Bsp. 15

Das aufsteigende Intervall zwischen der zweiten und dritten Note in Bsp. 16 ist eine **Septime**:

Bsp. 16

Der Sprung in Bsp. 17 ist eine **Oktave**:

Bsp. 17

Die senkrechten Striche in Bsp. 17 markieren das Ende eines Gesangsabschnitts. Die Phrase »descendit de coelis« (»er stieg vom Himmel herab«) ist das Ende eines musikalischen **Satzes**, und die Phrase »Et incarnatus est« (»Und er ist Fleisch geworden«) der Anfang eines weiteren. Bruchstücke eines musikalischen Satzes (oder eines Wortes, wie in

Bsp. 18

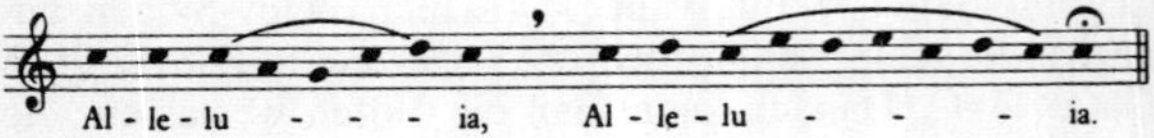

Bsp. 15 und 16) können nützlich sein, um melodische Intervalle zu erkennen, aber der ganze Sinn der Musik läßt sich nicht erfassen, solange man nicht wie in Bsp. 18 einen vollständigen musikalischen Satz vor sich hat.

Das **Komma** über den Notenlinien in Bsp. 18 hat die gleiche Bedeutung wie ein Komma im normalen Satz. Es weist auf die Gestalt des musikalischen Satzes hin *(Zäsur)* und ermöglicht es dem Sänger, gegebenenfalls neu zu atmen. Das Zeichen über der letzten Note in Bsp. 18 ist eine **Fermate**. Sie lädt den Sänger dazu ein, die jeweilige Note, über der sie steht, länger als gewöhnlich auszuhalten.

Bsp. 19

Den Übergang zur letzten Note in Bsp. 18, wo das D zum C absteigt, nennt man **Kadenz**. Alle Noten innerhalb eines musikalischen Satzes streben zu ihrer Kadenz. Auf dem Weg zur Kadenz sind die Noten in Bsp. 19 innerhalb einer langen Phrase in **Notengruppen** zusammengefaßt.

Diese Einteilung in Notengruppen ist hilfreich, um den musikalischen Sinn des Gesungenen zum Ausdruck zu bringen. Mit dem ausdrucksvollen Singen verhält es sich nicht anders als mit dem ausdrucksvollen Sprechen: Noten müssen genauso wie Wörter **phrasiert** werden, um die Bedeutung des Satzes deutlich zu machen. Wenn die musikalischen Sätze in Bsp. 18 und 19 phrasiert werden, dann erscheint das Erreichen des C am Schluß wie eine Heimkehr. Beide Melodien klingen, als ob sie zu C »gehören«. Diese Art von Zugehörigkeit macht C in beiden Beispielen zur wichtigsten Note. Jede Melodie hat ihre Note, die für sie am wichtigsten ist, die **Tonika**. (Im Gregorianischen Gesang heißt sie die »Finalis«.) Die Tonika kann man genauso bestimmen wie das Subjekt in einem gesprochenen Satz. Beim Sprechen verleihen die Wahl der Worte und deren Stellung im Satz dem

Subjekt Gewicht und dem Satz seine Bedeutung. In der Sprache der Musik ist es ebenso: Die verwendeten Töne und die Art ihrer Anordnung lassen die Tonika erkennen und verleihen der Melodie ihren musikalischen Sinn.

Kapitel 4: Kirchentonarten

Man kann jeden Ton als Tonika wählen, und jede Tonika kann ihre eigene Tonleiter haben. (Man beginne einmal auf irgendeiner weißen Klaviertaste und spiele auf den weißen Tasten stufenweise auf- oder abwärts, bis man die Oktave des Ausgangstons erreicht hat.)
Die »Skalen der weißen Tasten« bzw. die »reinen« Tonleitern heißen **Kirchentonleitern**, da sie vor allem in der Kirchenmusik Verwendung fanden, bzw. **Modi**, nach dem lateinischen Wort für »Art, Maß«. Die Namen der Kirchentonarten sind von den früheren griechischen Tonarten entlehnt. Unsere europäische Kirchentonart, die auf der Tonika A beginnt, wird als **äolisch** bezeichnet. Bsp. 20 zeigt ihren Verlauf nach oben, Bsp. 20a den nach unten.

Bsp. 20

Bsp. 20a

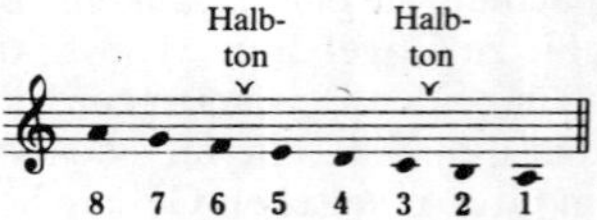

Die Zahlen unter den Noten geben an, daß jeder Schritt bzw. jede **Tonstufe** auf der Skala mit Bezug zur Tonika

numeriert ist. Anhand der Zahlen kann man die Intervalle von der Tonika bis zu jeder Tonstufe bestimmen: von A bis H eine Sekunde, von A bis C eine Terz, von A bis D eine Quarte, von A bis E eine Quinte, von A bis F eine Sexte, von A bis G eine Septime.
Bei der äolischen Skala liegen die Halbtonschritte zwischen H und C sowie zwischen E und F, also zwischen der 2. und 3. sowie zwischen der 5. und 6. Tonstufe. In jeder Kirchentonart befinden sich die Halbtöne zwischen verschiedenen Tonstufen, was jeweils von dem Ton abhängt, von dem die Skala ausgeht. Gerade diese Stellung der Halbtöne in bezug zur Tonika ist es, die jeder Tonart ihren besonderen Charakter verleiht. (Die folgenden Kirchentonarten werden in einer Reihenfolge vorgestellt, die man auf dem Klavier leicht ausprobieren kann; in den meisten Lexika werden Tonarten nach ihrer [musik]geschichtlichen Bedeutung geordnet.)

Bsp. 21

Mixolydisch:

Die Tonika ist G. Die Halbtöne liegen zwischen der 3. und 4. sowie zwischen der 6. und 7. Tonstufe.

Bsp. 22

Lydisch:

Die Tonika ist F. Die Halbtöne liegen zwischen der 4. und 5. sowie zwischen der 7. und 8. Tonstufe.

Bsp. 23

Phrygisch:

Die Tonika (Bsp. 23) ist E. Die Halbtöne liegen zwischen der 1. und 2. sowie zwischen der 5. und 6. Tonstufe.

Bsp. 24

Dorisch:

Die Tonika ist D. Die Halbtöne liegen zwischen der 2. und 3. sowie zwischen der 6. und 7. Tonstufe.

Bsp. 25

Ionisch:

Die Tonika ist C. Die Halbtöne liegen zwischen der 3. und 4. sowie zwischen der 7. und 8. Tonstufe.
Die Tonleiter in Bsp. 25 klingt vertrauter als die anderen, weil ein großer Teil der Musik, die während der letzten vier Jahrhunderte geschrieben wurde, auf ihr aufbaut. Melodien in dieser Tonart werden jedoch nicht mehr als ionisch bezeichnet, sondern man sagt, sie stehen »in C«. Das »Amen« von Bsp. 19 steht in C. (Wir sprechen davon, daß Melodien auf den Noten einer Tonleiter basieren, was indes für alte Musik nicht zutrifft; Melodien gab es lange vor den Tonleitern, und viele frühe Melodien kommen mit weniger als sieben Noten aus.)
Beim »Halleluja« in Bsp. 18 könnte man sagen, es steht in C, aber man könnte es auch als **pentatonisch** bezeichnen, weil der Satz auf nur fünf Tönen aufbaut. Der Begriff ›pentatonisch‹ läßt sich auf eine Melodie anwenden, die auf jeder beliebigen Folge von fünf Tönen beruht. In Europa wird er für Skalen mit Sprüngen, ohne Halbtonschritte, verwendet, z. B.:

C D E G A C
D E G A C D
E G A C D E
G A C D E G
A C D E G A

Bei den Kirchentonarten in Bsp. 21–25 gibt es keine Tonleiter, die auf H beginnt. Wenn man einmal versucht, auf den weißen Tasten eine Tonleiter von H aus zu spielen, wird man feststellen, daß das Intervall zwischen der Tonika und der Quinte kleiner ist als bei den anderen Kirchentonarten. Dadurch läßt sich H als Tonika auf den weißen Tasten nicht verwenden, denn die Quinte auf der Tonika ist das wichtigste Intervall überhaupt. Aufgrund dieser Bedeutung bezeichnet man die fünfte Tonstufe jeder Tonleiter als **Dominante**. Das Pendeln zwischen Tonika und Dominante kann man gut nachvollziehen, wenn man eine Phrase wie den Anfang von »God rest you merry, Gentlemen« singt:

Bsp. 26

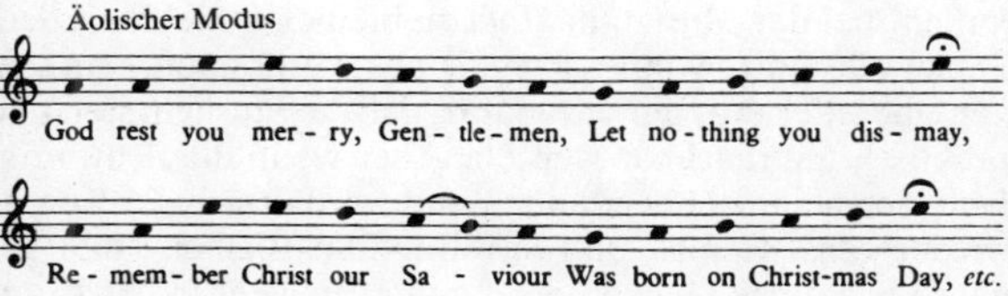

Diese magnetische Anziehungskraft zwischen Tonika und Dominante ist eines von vielen Dingen, die dazu beitragen, den **Rhythmus** einer Melodie lebendig zu halten.

Teil II

Rhythmus und Metrum

Kapitel 5: Schlagzeit und Notenwerte

Alle Melodien haben einen **Rhythmus**. Dieser kann manchmal frei fließen, wie beim Gregorianischen »Halleluja« in Bsp. 18, häufiger aber wird er »gemessen«, wie in »God rest you merry, Gentlemen« (Bsp. 26), mit regelmäßig wiederkehrendem **Schlag**. Dieser Schlag ist etwas anderes als das Ticken einer Uhr: Er besitzt im physischen Sinne Spannung und Entspannung. Jede fortlaufende Bewegung – wie etwa Gehen, Klettern, Laufen, Schwimmen oder Rudern – fällt leichter, sobald sie dieses rhythmische Geben und Nehmen hat. (So ist es beispielsweise beim Treppensteigen die Entspannung nach Erreichen einer Stufe, die neue Kraft gibt, um zur nächsthöheren zu gelangen.)
Leider verlieren wir diese mühelose Stetigkeit, wenn wir lernen, bei der Musik »im *Takt* zu bleiben«. Sieht auf dem Papier alles ungewohnt schwierig aus, verkrampft man sich vor Übereifer, was nur dazu führt, daß die Muskeln steif und praktisch unbrauchbar werden. Aber wenn die Schwierigkeiten erst einmal überwunden sind, verhält sich der Körper wieder ganz normal, und das »Im-Takt-Bleiben« fällt genauso leicht wie Gehen oder Laufen. Es liegt in der Natur der Sache, daß die Musik ihren eigenen Rhythmus hat, der uns tragen kann, sobald wir unsern Widerstand aufgeben.
Will man das Takthalten üben, kann man den Rhythmus des Taktes mitzählen, wie etwa bei »Abzählreimen« à la »Eene, meene, mu«, bei denen jede Silbe in einer rhythmischen Struktur von »lang« und »kurz« aufgesagt wird:

kurz	kurz	kurz	kurz	LANG
Ee -	ne,	mee -	ne,	MU -

(»Lang« entspricht hierbei zweimal »kurz«, und die senkrechten Striche zeigen, daß der Taktschlag jeweils auf den Anfang des Wortes fällt.)
Eine rhythmische Struktur, die in Längen und Kürzen unterteilt wird, bildet ein **metrisches Schema**. Dieses metrische Schema kann bei jedem Lied über die Wörter in der musikalischen Notation für lang und kurz geschrieben werden, wie Bsp. 27 zeigt:

Bsp. 27

Die senkrechten Striche, die angeben, wo jeweils der Schlag erfolgt, heißen **Taktstriche**. Die *Dauer* bzw. der »zeitliche Abstand« zwischen zwei Taktstrichen ist ein **Takt**.

Das Zeichen ♩ bezeichnet eine **Viertelnote** bzw. ein **Viertel**.
𝅗𝅥 ist eine **halbe Note** bzw. eine **Halbe**.
𝅝 ist eine **ganze Note** bzw. eine **Ganze**.
Diese Zeichen – ♩, 𝅗𝅥 und 𝅝 – geben den **Zeitwert** bzw. den **Notenwert** an. Sie zeigen die Dauer eines Tons in den Werten »lang« und »kurz«. Eine ganze Note entspricht zwei Halben oder vier Vierteln.
Wenn auch die *Tonhöhe* jeder Note festgelegt ist, so kann sich die *Dauer* eines Notenwerts entsprechend der jeweiligen **Tempobezeichnung** von einer Melodie zur anderen verändern. Am Anfang eines Musikstücks findet man Angaben wie »Schnell« oder »Langsam«, die einen Hinweis auf das **Tempo** geben.
Wenn ein Komponist das Tempo, das ihm vorschwebt, ganz genau angeben möchte, vermerkt er, wie viele Viertel oder Halbe innerhalb einer Minute gespielt werden sollen. So besagt z. B. ♩ = 60, daß in genau einer Minute 60 Viertelnoten zu singen bzw. zu spielen sind. Zum Abmessen von ♩ = 60 kann man den Sekundenzeiger einer Uhr verwenden, so auch für verwandte Tempi wie ♩ = 30 oder ♩ = 120. Ein Pendel zur Bestimmung der Anzahl der Schläge pro Minute ist das **Metronom**, das das Tempo für jede gewünschte Geschwindigkeit angibt. (Das Verhältnis 𝅝 = 𝅗𝅥𝅗𝅥 = ♩♩♩♩ bleibt unabhängig vom Tempo immer gleich.)

Kapitel 6: Taktarten mit Vierteln und Halben

Wenn man üben will, im Takt zu bleiben, kann der Rhythmus einer Melodie wie »Good King Wenceslas« (vgl. Bsp. 27) mitgezählt werden, und zwar entsprechend der Anzahl von Viertelnoten pro Takt:

	EINS	ZWEI	DREI	VIER	EINS	ZWEI	DREI	VIER
Bsp. 27a	♩	♩	♩	♩	| ♩	♩	𝅗𝅥	|
	Good	King	Wen -	ces -	las	look'd	out______	

Es ist nicht nötig, wie hier die Ziffern hinzuschreiben, da eine **Taktvorzeichnung** jeweils vorgibt, wie die Notenwerte in jedem Takt zu zählen sind. Eine Taktvorzeichnung besteht aus zwei übereinanderstehenden Zahlen. Die untere nennt die **Zeiteinheit** (im Verhältnis zu einer ganzen Note): In Bsp. 27 ist diese Einheit eine Viertelnote; die untere Ziffer der Taktangabe wird also eine 4 sein, weil vier Viertel einer Ganzen entsprechen. Die obere Zahl gibt an, *wie viele Einheiten es pro Takt gibt*. In Bsp. 27 stehen vier Viertelnoten in einem Takt, deshalb ist die Taktangabe $^4/_4$.
Indem man Takt(zeit) und Tonhöhe verbindet, setzt man die Taktangabe auf die Notenlinien genau vor die erste Note. Die Notenhälse von Vierteln und Halben ragen rechts nach oben, wenn die Note unterhalb der mittleren Linie steht, und links nach unten bei Noten, die oberhalb der Mittellinie stehen:

Bsp. 27b

Die zwei senkrechten Linien, die den Schluß eines Werkes markieren oder anzeigen, daß ein Abschnitt zu Ende ist, heißen **Doppelstrich**.
Ein Dirigent, der »den Takt schlägt«, würde bei Bsp. 27b durch Gesten – nach unten / schräg aufwärts / waagerecht / schräg aufwärts zum Ausgangspunkt – anzeigen, daß bei dieser Melodie vier **Schläge** pro Takt zu zählen sind. Gibt es keinen Dirigenten, spüren die Ausführenden die Taktschläge selber. Bei jeder Musik, die in Takte eingeteilt ist, sollte sich der Interpret instinktiv der Schläge pro Takt bewußt sein, selbst wenn er schon so erfahren ist, daß er sie nicht mehr zu zählen braucht.
Will ein Dirigent, daß seine Sänger und Instrumentalisten gemeinsam auf der ersten Note von Bsp. 27b einsetzen, so muß er ihnen eine vorbereitende **Auftaktbewegung** im Tempo der Melodie vorgeben. Ein Auftakt wird immer als Teil der Musik empfunden; er ist ebenso notwendig wie bei einem Tänzer das Heben des Kopfes vor dem ersten Schritt.
Der erste Schlag eines Taktes ist die **betonte** bzw. **starke Zählzeit**. Es ist nicht notwendig, einen hörbaren Schwerpunkt bzw. **Akzent** auf den ersten Taktschlag zu legen, solange es die Melodie nicht erfordert. Beim zweiten Takt von Bsp. 27b wäre es beispielsweise unangemessen, einen Akzent auf die schwache Silbe am Ende des Namens »Wenceslas« zu legen, und im letzten Takt würde ein Akzent die Ausgeglichenheit der weit ausschwingenden Kadenz zunichte machen.

Bsp. 28

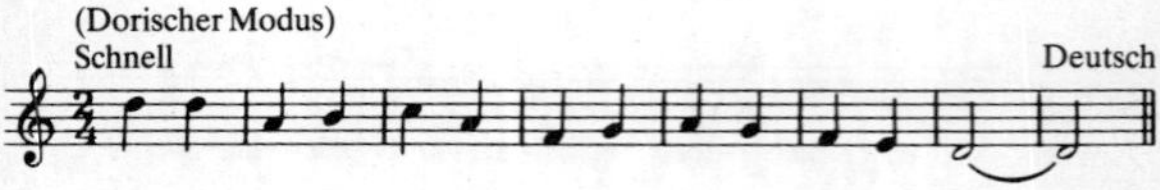

Die Taktangabe für Musikstücke mit zwei Vierteln je Takt ist $^2/_4$ wie in dem Volkslied Bsp. 28. Der Bogen, der die

letzten beiden Noten in Bsp. 28 miteinander verbindet ist ein **Haltebogen** (auch: **Ligatur**). Ein Haltebogen verknüpft zwei Noten gleicher Tonhöhe; dadurch kann man ihn von einem Legatobogen unterscheiden, der Noten unterschiedlicher Tonhöhe verbindet. Ausgehaltene Noten klingen stets wie eine verlängerte Note.
Die Taktvorzeichnung mit drei Viertelnoten pro Takt ist $^3/_4$:

Bsp. 29

Kapitel 7: Punktierte Noten und Achtel in einfachen und zusammengesetzten Taktarten

Wenn bei einem Musikstück im $^3/_4$-Takt für die Dauer von drei Zählzeiten *eine* Note benötigt wird, so verlängert man eine Halbe mit zwei Zählzeiten durch einen **Punkt**. Der Punkt legt fest, daß diese bestimmte halbe Note die Dauer von drei Vierteln statt zwei hat:

Bsp. 30

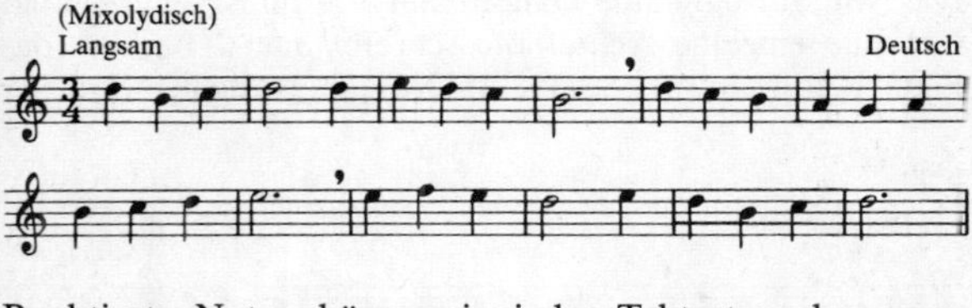

Punktierte Noten können in jeder Taktart vorkommen,

wann immer eine Note eineinhalbmal so lang wie üblich ausgehalten werden soll:

Bsp. 31

(Äolisch)
Ziemlich schnell

Polnisch

Unabhängig davon, was die Taktvorzeichnung angeben mag, *ein Punkt hinter einer Note besagt immer, daß sie um die Hälfte ihres Wertes verlängert wird.*

Viele Melodien beginnen mit einem Auftakt vor der ersten betonten Zählzeit. Um dies wieder auszugleichen, läßt man im letzten Takt normalerweise einen Schlag weg. Dadurch wird ein kontinuierlicher »Pulsschlag« gewährleistet, wenn die Melodie mehrfach hintereinander gesungen oder gespielt wird:

Bsp. 32

(Dorisch)
Ziemlich langsam

Deutsch

Die Note für die halbe Dauer einer Viertel ist eine **Achtel**. Für eine einzelne Achtelnote schreibt man ♪ bzw. ♪ (das Fähnchen ist immer rechts am Notenhals, egal, ob dieser

Bsp. 33

(Pentatonisch)
Schnell

Afrikanisch

nach oben oder unten verläuft). Bei zwei Achteln hintereinander werden die Fähnchen zu  bzw.  verbunden (Bsp. 33).
Eine Viertelnote mit einem Punkt entspricht drei Achteln (d. h. es kommt noch einmal die Hälfte des normalen Wertes hinzu):

Bsp. 34

(Äolisch)
Ziemlich schnell
Französisch

In Bsp. 34 fällt die erste Achtelnote gerade zwischen den Auftakt und den ersten betonten Schlag. Ein Musikstück kann jedoch auf jedem Schlag oder zwischen den Schlägen eines Taktes beginnen. Den Anfang von Bsp. 35 kann man als **unterteilten Schlag** zählen: »und-drei-und-eins«.

Bsp. 35

(Äolisch)
Langsam
Irisch

Die Achtel in Bsp. 35 sind auf diese Weise *zusammengefaßt*, um zu zeigen, wo jeder Schlag beginnt. (Das einzelne Fähnchen der ersten Achtel kommt aber natürlich nicht mit dem Legatobogen in Konflikt, der die drei Noten glatt miteinander verbindet.)

Bei Liedern ist es üblich, jede Achtel immer dann mit einem eigenen Fähnchen zu versehen, wenn die Note zu einem Wort oder einer Silbe gehört:

Bsp. 36

(Mixolydisch)
Sehr schnell

Aus den Appalachen

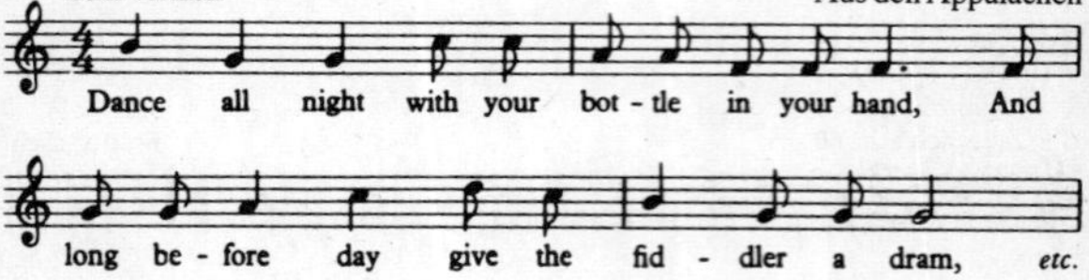

In jüngerer Zeit haben einige Musikverleger mit dieser Tradition gebrochen, und wir finden heute Fähnchen zusammengefaßt in der üblichen Gruppierung einer Taktart, wie sie verwendet wird, wenn die Melodie auf einem Instrument gespielt werden soll:

Sehr schnell

Bsp. 36a

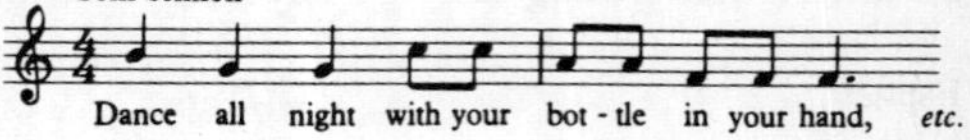

Auch eine Achtelnote kann als Zeiteinheit einer Melodie gelten; in der Taktangabe steht dann die Ziffer 8: $^3/_8$, $^4/_8$, $^6/_8$, $^9/_8$ usw.

Bsp. 37

(Äolisch)
Langsam

Französisch

$^{3}/_{8}$ ist die Taktangabe für Musikstücke, bei denen drei Achtelnoten in einem Takt stehen. Beim $^{3}/_{8}$-Takt muß der Schlag nicht schneller sein als beim $^{3}/_{4}$-Takt. Das Tempo hängt stets von der Angabe über dem ersten Takt ab. Melodien im $^{4}/_{8}$-Takt, die vier Achtelnoten pro Takt haben, entsprechen Musikstücken im $^{2}/_{4}$-Takt mit zwei Vierteln pro Takt, mit dem einzigen Unterschied, daß sie in Achteln gezählt werden:

Bsp. 38

Bei der Taktvorzeichnung $^{6}/_{8}$ gibt es sechs Achtelnoten pro Takt. Ein Takt mit $^{6}/_{8}$ entspricht zwei unmerklich zusammengefaßten $^{3}/_{8}$-Takten. Die Tongruppen machen dies deutlich:

Bsp. 39

Die sechs Achtelnoten pro Takt in Bsp. 39 zählt man »*eins*, zwei, drei, *vier*, fünf, sechs«. (Das ist ein völlig anderer Rhythmus als die drei unterteilten Viertel in Bsp. 35, wo die sechs Achtel mit »*eins* und *zwei* und *drei* und« gezählt wurden.) Nur sehr wenige $^6/_8$-Takte sind langsam genug, um auch alle sechs Achtelnoten pro Takt zu zählen. Bei einem schnellen Musikstück im $^6/_8$-Takt zählt man den *Schlag der punktierten Viertel*, d. h. zwei Schläge pro Takt (auf jeden kommen drei Achtel):

Bsp. 40

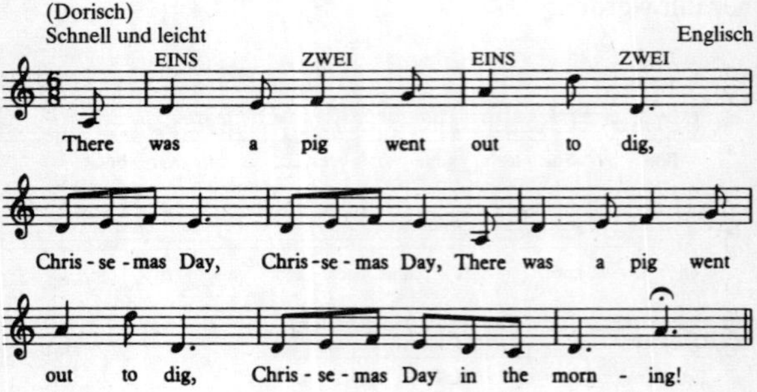

Ein $^9/_8$-Takt entspricht drei zusammengezogenen $^3/_8$-Takten. Bei einem zügigen Tempo werden drei punktierte Viertel-Schläge pro Takt gezählt (auf jeden entfallen drei Achtel):

Bsp. 41

Da es keine Note gibt, die einem ganzen $^9/_8$-Takt entspricht, wird eine punktierte Halbe mit einer punktierten Viertel verbunden, um eine durchgehende Note mit dem Wert von drei punktierten Vierteln zu erhalten: 

Ein 12/8-Takt entspricht vier Takten mit 3/8 oder zwei Takten mit 6/8. Bei Musik im 12/8-Takt zählt man vier punktierte Viertel-Schläge pro Takt (mit jeweils drei Achteln pro Schlag):

Bsp. 42

Taktarten, bei denen die Schläge nach punktierten Noten gezählt werden, bezeichnet man als **zusammengesetzte Takte**. Bei **einfachen Takten** ist der Schlag in *zwei* unterteilt, bei zusammengesetzten hingegen in *drei*.

Kapitel 8: Kurze und lange Notenwerte

Die Note für die halbe Dauer einer Achtel heißt **Sechzehntel**, geschrieben 𝅘𝅥𝅯 oder 𝅘𝅥𝅯. Bei zwei oder mehr Sechzehnteln werden die Fähnchen folgendermaßen verbunden:

Wenn ein Musikstück Achtel- und Sechzehntelnoten enthält, werden diese je nach Taktart in Gruppen zusammengefaßt, so daß jede Gruppe anzeigt, wo der neue Schlag einsetzt:

Bsp. 43

(Dorisch)
Schnell und energisch

Englisch

(Die Regel, daß die Notenhälse bei Noten unterhalb der Mittellinie nach oben und oberhalb dieser Linie nach unten gehen sollten, trifft nicht zu, wenn die Fähnchen in einer Taktart miteinander verbunden werden.)
Die Sechzehntel taucht gelegentlich in Taktvorzeichnungen auf, z. B.: $^3/_{16}$, $^6/_{16}$, $^9/_{16}$, $^{12}/_{16}$.
Ein Punkt nach einer Achtel bedeutet, daß diese Note der Dauer von drei Sechzehnteln entspricht:

Bsp. 44

(Äolisch)
Schnell

Englisch

Hat eine Note eine **doppelte Punktierung**, so wird sie um drei Viertel ihres eigentlichen Wertes verlängert. Eine doppelt punktierte Viertel entspricht deshalb einer Viertel plus einer Achtel plus einer Sechzehntel:

Bsp. 45

(Dorisch)
Langsam

Von den Hebriden

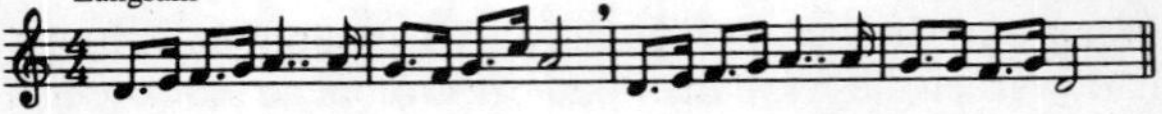

Eine **Zweiunddreißigstel** ist halb so lang wie eine Sechzehntel, geschrieben bzw. . Zwei oder mehr werden so verbunden:

Eine Zweiunddreißigstelnote findet man selten allein; für gewöhnlich steht sie mit Sechzehnteln und Achteln zusammen, wie in Bsp. 46, wo die Schläge in Achteln gezählt werden können – »eins-und-zwei-und« –, wenn man anfängt, folgende Melodie zu lernen:

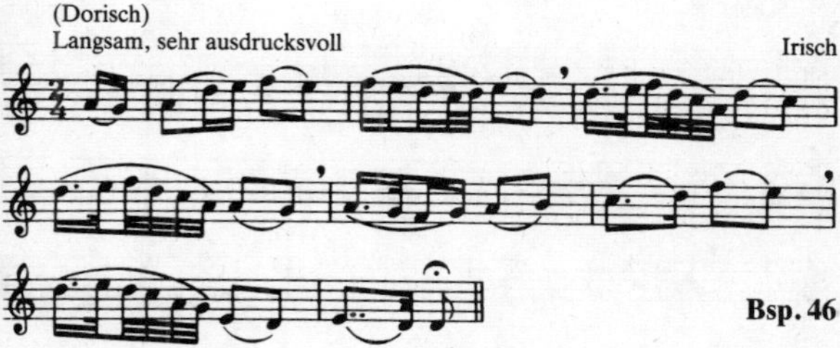

Bsp. 46

In Bsp. 46 sind die Noten – entsprechend den Zählzeiten in jedem Takt – wie üblich in Gruppen zusammengefaßt. Jeder vollständige $^2/_4$-Takt enthält zwei Gruppen, von denen jede der Länge einer Viertelnote entspricht. Beim ersten Schlag in den Takten 2, 3, 4, 5 und 7 werden die Gruppen aber in Achtel *unterteilt*. Dies ist beim Lesen von Taktarten mit vielen Noten pro Viertel hilfreich und erleichtert auch das Mitzählen (»eins-und-zwei-und«) beim Lernen des Musikstücks.

Zweiunddreißigstelnoten werden bei sehr schneller Musik nicht verwendet, weil einfach nicht genug Zeit wäre, sie unterzubringen. Noten, die schnell aussehen, findet man häufig in den langsamsten Musikstücken. Melodien, die hingegen nur Halbe und Viertel enthalten, haben oft einen sehr raschen Schlag.

Wird ein Musikstück mit vier Vierteln pro Takt sehr schnell vorgetragen, dann ist es unmöglich, vier Schläge pro Takt mitzuzählen oder zu dirigieren. Das Zählen richtet sich deshalb nach Halben statt nach Vierteln, und es gibt dementsprechend zwei Schläge pro Takt. Die Taktvorzeichnung ist $^2/_2$. (Die untere Ziffer ist 2, weil zwei halbe Noten auf eine Ganze kommen.)

Bsp. 47

(in C)
Schnell
Englisch

Bei der Taktvorzeichnung $^3/_2$ gibt es drei halbe Noten pro Takt. Dabei werden pro Takt drei Schläge gezählt:

Bsp. 48

(Dorisch)
In gemäßigtem Tempo
Englisch

Melodien in einem sehr langsamen $^3/_2$-Takt kann man wie in Bsp. 49 mit unterteiltem Schlag zählen.
Der Rhythmus von Bsp. 50, wo die Taktvorzeichnung $^6/_4$ ist, unterscheidet sich erheblich von dem in Bsp. 49. Ein Takt mit $^6/_4$ entspricht zwei zusammengezogenen $^3/_4$-Takten. Es wird die punktierte Halbe geschlagen, wobei auf jeden Takt zwei Schläge kommen.

(Äolisch)
Langsam, ruhig fließend
Von der Insel Man

Bsp. 49

Bsp. 50

(Phrygisch)
In gemäßigtem Tempo
Englisch

(Die Bsp. 49 und 50 zeigen den Unterschied zwischen einfachem und zusammengesetztem Takt.)
Die Taktvorzeichnung $^6/_4$ findet man zumeist bei alter Musik, wo sie unserem heutigen $^6/_8$-Takt entspricht. Die gelegentlich bei alter Musik verwendeten zusammengesetzten Taktvorzeichnungen $^9/_4$ und $^{12}/_4$ sind unserem modernen $^9/_8$- und $^{12}/_8$-Takt vergleichbar.
Eine weitere Taktvorzeichnung, die man zumeist in frühen Kompositionen findet, ist $^4/_2$, wobei pro Takt vier Halbe geschlagen werden. Sie wird manchmal bei Kirchenliedern verwendet.

Bsp. 51

(Dorisch)
Nicht zu langsam
Deutsch

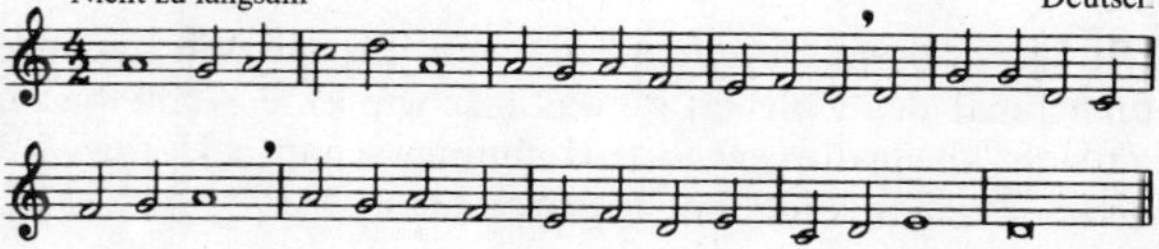

Die Note, die beim $^4/_2$-Takt einen ganzen Takt ausfüllt, ist eine **Brevis**, geschrieben 𝅜 oder 𝅜 (mit Doppelstrichen) (Bsp. 51).

(Der Name »Brevis« stammt aus dem Mittelalter, wo es eine »kurze« Note war; eine Halbe war die »kleinste« Note von allen. Eine lange Note hieß *Longa*, und die längste überhaupt war die *Maxima*.)

Kapitel 9: Pausen

Ebenso wie der Klang gehört auch die Stille zur Musik. Diese Momente der Stille sind die **Pausen**. Jeder Note entspricht eine Pause, die zeitlich die gleiche Dauer und die gleiche Wertigkeit hat:

Brevis-Pause 

Ganze Pause  (ohne Notenlinien: 𝄻)

Halbe Pause  (ohne Notenlinien: 𝄼)

Viertelpause 

Achtelpause 

Sechzehntelpause 

Zweiunddreißigstelpause 

(Bei ganz altem Notenmaterial steht für die Viertelpause manchmal das Zeichen 𝄾, das fast wie eine Achtelpause aussieht, die in die verkehrte Richtung »schaut«. Heute wird dieses Zeichen kaum noch verwendet.)

Pausenzeichen können oft als **Atempausen** genutzt werden:

Bsp. 52

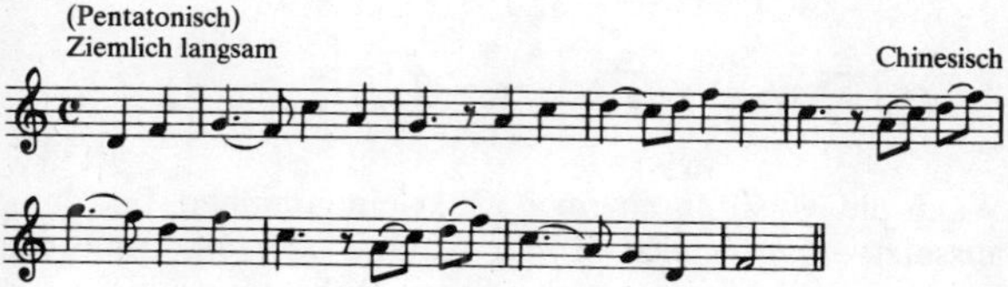

Pausen haben die gleiche Bedeutung wie Noten. Die dadurch entstehenden Ruhepunkte sind niemals statisch, denn sie gehören genauso zum Rhythmus der Melodie: Durch sie kann man den fortwährenden »Pulsschlag« der Musik spüren:

Bsp. 53

(Die Pausen in Bsp. 53 sind auf diese Weise zusammengefaßt, weil der $^6/_8$-Takt in zwei Schläge mit je drei Achteln eingeteilt ist.)

Als Faustregel kann man sich merken, daß eine einzelne Pause für jeden stummen Schlag eines Taktes steht, z. B.:

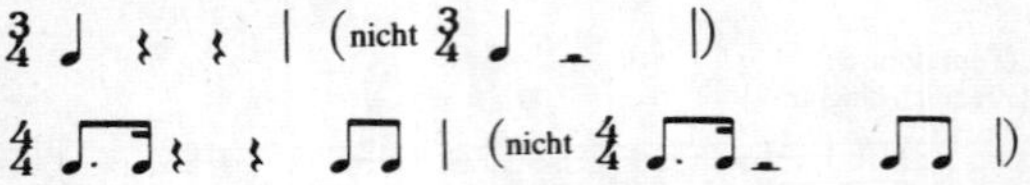

Wenn die Musik in einem $^4/_4$-Takt einen halben Takt lang aussetzt – ganz gleich ob am Anfang oder am Ende des Taktes –, so notiert man für diesen Ruhepunkt eine halbe Pause statt zwei Viertelpausen:

Bsp. 54

Bei Stücken mit zusammengesetzten Takten kann man einen stummen Schlag entweder als zwei Pausen oder als punktierte Pause schreiben:

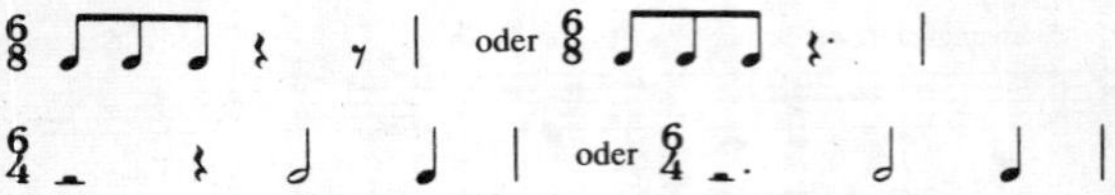

(Falls man zwei Pausen für einen stummen Schlag verwendet, wird die Pause mit dem größeren Wert immer zuerst gesetzt.)
Unabhängig von der Taktvorzeichnung schreibt man einen **stummen Takt** immer mit einer ganzen Pause. Diese ganze Pause ist das Zeichen dafür, daß die Musik für alle Schläge, die die Taktvorzeichnung angibt, schweigt. (Beim $^4/_2$-Takt kann auch eine »Brevis«-Pause verwendet werden, dies ist aber unterdessen veraltet.)

Kapitel 10: Wiederholungen

Eine der nützlichsten und zeitsparendsten Erfindungen für das Notieren eines Musikstücks ist das **Wiederholungszeichen**. Man schreibt es mit einem Doppelstrich und je einem Punkt über- und unterhalb der mittleren Linie des Notensystems:

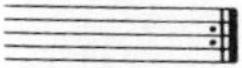

Stehen die Punkte links vom Doppelstrich, dann bedeutet das: »Von hier ab zurück und den ganzen Abschnitt noch einmal.« In Bsp. 37 waren die Takte 5–8 eine genaue Wiederholung der ersten vier Takte; also hätte man hier das Wiederholungszeichen verwenden können:

Bsp. 37a

Stehen die beiden Punkte rechts vom Doppelstrich, dann besagt dies: »Bis hierhin mußt du zurückgehen.« In Bsp. 34, wo die Takte 9–12 eine genaue Wiederholung der Takte 5–8 sind, hätte man die Wiederholungszeichen auf diese Weise verwenden können:

Bsp. 34a

In vielen Musikstücken gibt es einen Abschnitt, der bis auf die letzten Takte mit genau denselben Noten wiederholt werden soll. Die gewöhnlichen Wiederholungszeichen zusammen mit 1 und 2 zeigen an, daß am Schluß des wiederholten Teils der mit 1 markierte Abschnitt ausgelassen und statt dessen die mit 2 gekennzeichnete Passage vorzutragen ist. So könnte man etwa Bsp. 43 mit diesen Zeichen für die Takte, die *beim ersten Mal*, und jene, die *beim zweiten Mal* erklingen, schreiben:

Bsp. 43a

Falls der wiederholte Teil einer Melodie mit einem Auftakt beginnt, wird der Doppelstrich des Wiederholungszeichens in den letzten Takt jedes Abschnitts eingebaut, so daß er unvollständig erscheint, jedoch wird das metrische Schema immer durch den Auftakt ausgeglichen:

Bsp. 55

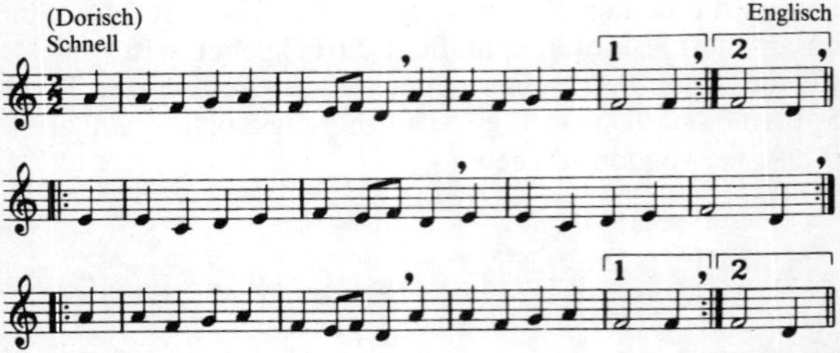

Der letzte Abschnitt in Bsp. 55 ist eine genaue Wiederholung des ersten. So ist es keineswegs nötig, ihn noch einmal ganz auszuschreiben. Am Schluß des zweiten Abschnitts kann man den Hinweis **da capo al fine** verwenden, was soviel heißt wie: »Noch einmal vom Anfang an bis zum italienischen Wort *Fine* (= Ende)«:

Bsp. 55a

Die Bezeichnung **dal segno al fine** bedeutet hingegen, daß der Interpret nicht zum Anfang zurück muß, sondern nur bis zu dem Takt, der mit dem Zeichen 𝄋 markiert ist.

Kapitel 11: Zusammenfassung der Taktvorzeichnungen

Wenn man anfängt, sich mit der Sprache der Musik zu befassen, ist es hilfreich, die Regeln ihrer Grammatik auswendig zu lernen: genau so, wie man sich beim Erlernen einer Fremdsprache die Konjugation der Verben und die Deklination der Substantive einprägen muß. Taktangaben werden unter den Oberbegriffen **Zweier-**, **Dreier-** und **Vierertakt** zusammengefaßt, je nachdem, ob sie zwei, drei oder vier Schläge pro Takt haben.

Einfacher Zweiertakt:	2/2	2/4	2/8
Einfacher Dreiertakt:	3/2	3/4	3/8
Einfacher Vierertakt:	4/2	4/4	4/8
Zusammengesetzter Zweiertakt:	6/4	6/8	6/16
Zusammengesetzter Dreiertakt:	9/4	9/8	9/16
Zusammengesetzter Vierertakt:	12/4	12/8	12/16

Unabhängig von den Taktvorzeichnungen sind die Noten auf dem Papier in Gruppen zusammengefaßt, von denen jede einem Schlag entspricht. Bei den Gruppierungen gibt es noch verschiedene Ausnahmen.
Wenn etwa beim $^{4}/_{4}$-Takt der halbe Takt nur aus Achteln besteht, werden diese so zusammengefaßt:

Beim $^{2}/_{4}$- und $^{3}/_{4}$-Takt wird ein Takt mit Achteln auf folgende Weise zusammengefaßt:

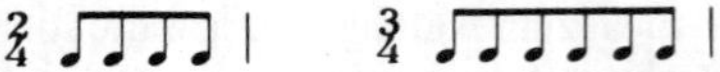

Beim $^{3}/_{8}$-Takt sieht ein Takt mit Achteln bzw. Sechzehnteln so aus:

Bei manchen früheren Notenausgaben steht ein **C** statt $^{4}/_{4}$. Dieses Überbleibsel der mittelalterlichen Notationsweise ist als ein Halbkreis gedacht. Auch das Zeichen ¢, das für $^{2}/_{2}$ steht, stammt aus jener Zeit. Man findet es nur in alten Ausgaben. $^{2}/_{2}$ wird manchmal auch mit **alla breve** bezeichnet, was aber nicht gerade hilfreich ist, da man diesen Begriff ursprünglich für vier ganze Noten pro Takt verwendete. Diese gelegentlichen Ungereimtheiten ergeben sich dadurch, daß ein früheres System ganz anderen Ansprüchen angepaßt worden ist. Im großen und ganzen funktioniert unser heutiges Notationssystem gut, und wir können froh sein, daß etwas so Diffiziles wie der Rhythmus mit Hilfe der Taktarten auf dem Papier festgehalten werden kann.

Kapitel 12: Weniger gebräuchliche Taktarten

Verschiedene Taktvorzeichnungen fügen sich nicht in die üblichen Kategorien des Zweier-, Dreier- und Vierertakts ein. Dazu gehören die Taktvorzeichnungen des **Fünfertakts** ($^5/_2$, $^5/_4$, $^5/_8$, $^5/_{16}$). Bei vielen Musikstücken im Fünfertakt kann die Fünf als 2 + 3 oder 3 + 2 angesehen werden. Manchmal stehen über den Takten eingeklammerte Zahlen, die angeben, ob man »eins, zwei, *drei*, vier, fünf« oder »eins, zwei, drei *vier*, fünf« zählen soll:

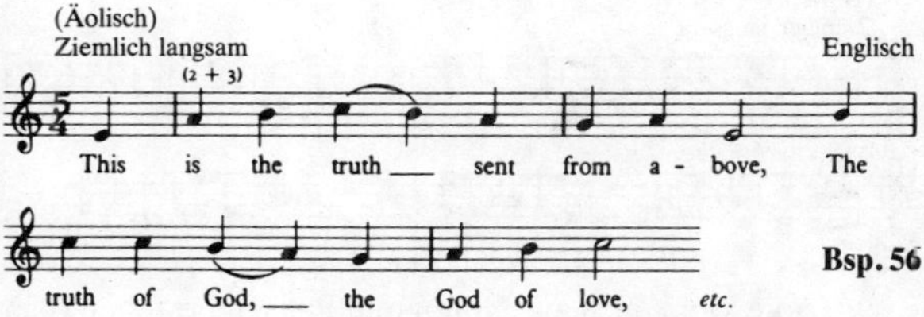

Bsp. 56

Beim **Siebenertakt** ($^7/_2$, $^7/_4$, $^7/_8$, $^7/_{16}$) kann man den Takt häufig mit 3 + 4 oder 4 + 3 zählen. Um diese Gruppierungen anzuzeigen, werden manchmal **punktierte Taktstriche** verwendet:

Bsp. 57

Im Prinzip kann jede Anzahl von Einheiten für einen Takt verwendet werden, vorausgesetzt sie ist nicht zu groß, um damit noch einigermaßen zurechtzukommen. Doch unabhängig davon wird man sie immer in Zweier- bzw. Dreiergruppen oder eine Kombination von beiden einteilen kön-

nen. So könnte man beispielsweise $^{11}/_{8}$ als 2 + 2 + 2 + 2 + 3 oder als 3 + 3 + 2 + 3 zählen usw.
Bei einfachen Takten *kann* der Schlag, falls erforderlich, auf drei statt auf zwei Noten verteilt werden. Diese ungewöhnliche rhythmische Figur heißt **Triole**. Die Noten einer Triole werden schneller als gewöhnlich genommen, da ja drei von ihnen in der gleichen Zeitdauer von zwei üblichen Noten untergebracht werden müssen. Über eine Triole schreibt man die Ziffer 3:

Bsp. 58

(Dorisch)
Ziemlich langsam

Englisch

Eine Triole kann auch aus Noten und Pausen bestehen oder aus unterschiedlichen Notenwerten; sie werden mit einer eckigen Klammer verbunden:

Bei Musikstücken mit zusammengesetzten Takten wird der Schlag manchmal auf zwei statt drei Noten verteilt. Diese

Bsp. 59

(Pentatonisch)
Schnell

Aus Australien (Aborigines)

Ausnahme nennt man **Duole**. Dann steht die Ziffer 2 über den Noten, die langsamer als gewöhnlich vorgetragen werden, weil ja nur zwei von ihnen der Dauer von üblicherweise drei entsprechen (Bsp. 59).
Ein **Wechsel der Taktvorzeichnung** kann überall in einem Musikstück vorkommen. Wenn es sich um einen Wechsel vom einfachen zum zusammengesetzten Takt oder umgekehrt handelt, ist es erforderlich anzugeben, wie schnell die Notenwerte jetzt genommen werden sollen:

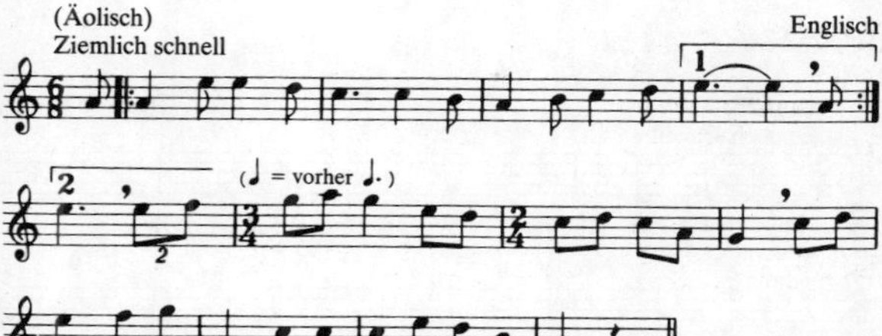

Bsp. 60

Man kann die Beziehung in Bsp. 60 auch durch folgende Schreibweise deutlich machen:

Bsp. 60a

Taktarten können aufregend neues Leben bekommen, wenn ihre Noten unvermutet auf unbetonte Zählzeiten fallen:

Bsp. 61

Fallen die Noten wie hier *zwischen* die Schläge, bezeichnet man dies als **Synkopierung** (vom Griechischen *syn* = zusammen, *koptein* = schlagen). Eine kurze Note gefolgt von einer langen Note ist ein wesentliches Kennzeichen synkopierter Musik.

Weitere ungewöhnliche Taktarten sind **Gegenrhythmen**, die ungeachtet des Taktstrichs vorübergehend einen eigenen neuen Rhythmus entwickeln, wie etwa in der zweiten Hälfte des Bsp. 62:

Bsp. 62

Die Melodie richtet sich nach dem Sprechrhythmus der Wörter, so daß bei »save us *all* from *sin*« die beiden $^3/_4$-Takte so phrasiert werden, als handele es sich nun um *einen* $^3/_2$-Takt. Das gleiche geschieht bei »in excelsis Deo«. (Diese besondere Art des Gegenrhythmus heißt **Hemiole**, ein griechisches Wort, das sich auf das Verhältnis 3 : 2 bezieht.)

Manche Melodien sollen eher frei – ohne einen regelmäßigen Schlag – vorgetragen werden; sie sind ohne alle Taktvorzeichnung oder Taktstriche notiert. Für den Begriff »frei«, wie er in Bsp. 63 verwendet wird, kann **ad libitum** (bzw. *ad lib.*) geschrieben werden, was soviel wie »nach Belieben« bedeutet. Man kann auch den Hinweis **senza misura** verwenden, d. h. rhythmisch frei, ohne eine durch Taktvorzeichnung vorgegebene Maßeinheit für den Takt.

Bsp. 63

Die schriftlich fixierten Noten eines Musikstücks können – ob mit oder ohne Takteinteilung – lediglich eine bloße Aufstellung der Fakten liefern. Musik wird erst dann lebendig, wenn sie rhythmisch phrasiert wird – doch der **Rhythmus** hängt gewiß nicht nur von Taktvorzeichnung, Tempoangabe und richtigen Atempausen ab. Unter anderem kommt es dabei auch auf den »Ausdruck« an, der je nach der Gestalt und dem Charakter eines Musikstücks, mit seinen lauten und leisen Stellen, variieren kann. Ausdruck ist nicht lehrbar – er muß durch den ständigen feinen Wechsel von Spannung und Entspannung erfühlt werden, der sich in der Musik ereignet.

Teil III

Spannung und Entspannung

Kapitel 13: Vortragsbezeichnungen und Dynamik

Mißt man die Schlagzeit der Musik, wird man feststellen, daß sie nie so gleichmäßig ist wie bei einer Maschine. Vielmehr ähnelt sie dem Pulsschlag des Menschen, da sich das Tempo verändern kann, ohne daß der lebensspendende Impuls verlorengeht. Oft wird die Musik langsamer, bevor sie verklingt. Diese leichte Drosselung des Tempos wird durch den Hinweis *rall.* (Kurzform für **rallentando**) oder durch *rit.* angezeigt, was entweder **ritardando** (nachlassend, zögernd) oder **ritenuto** (zurückhaltend) bedeutet.
Jedoch wird *rall.* oder *rit.* nicht nur am Schluß eines Musikstücks verwendet. Wenn es an anderer Stelle gebraucht wird, gibt eine punktierte Linie nach dem Wort an, wie lange diese Tempodrosselung andauert. Kehrt die Musik wieder in ihr normales Tempo zurück, steht der Hinweis **a tempo** über den Notenlinien. (In der Musik bedeutet »Tempo« eher »Geschwindigkeit« und nicht »Zeit«.)
Wenn sich der »Pulsschlag« eines Musikstücks allmählich beschleunigen soll, verwendet man den Begriff *accel.* (kurz für **accelerando**). Eine punktierte Linie weist darauf hin, wie lange das Accelerando dauert, und *a tempo* oder *Tempo 1º*, d. h. »primo«, besagt, wann der Pulsschlag wieder mit der ursprünglichen Geschwindigkeit erfolgen soll.
Jede Melodie hat ihren eigenen Charakter. Bei einem Lied erfahren wir durch die Worte etwas von seiner Eigenart, bei der Instrumentalmusik jedoch bedarf der Ausführende oft zusätzlicher Hilfe durch **Vortragsbezeichnungen**. Die Legatobogen geben zwar auf einen Blick Hinweise auf die Phrasierung; es kann aber sein, daß einzelne Halbe oder Viertel ebenfalls legato gespielt werden sollen. Das Wort **legato**,

d. h. »gebunden«, »glatt anschließend«, sagt dem Interpreten, was gewünscht wird.
Bei schnellen, energischen Stücken muß jede Note oft einzeln angespielt werden. Die Bezeichnung **staccato** (bzw. *stacc.*), d. h. »gestoßen«, weist darauf hin, daß jede Note kurz herauskommen soll. Falls in einem Musikstück sowohl legato als auch staccato zu spielende Noten vorkommen, werden die Staccato-Noten mit einem Punkt darüber oder darunter geschrieben. (Staccato-Noten darf man jedoch niemals als »punktierte Noten« bezeichnen, da dies zu Verwechslungen mit den Noten führen würde, deren Wert verlängert wird, indem *hinter* ihnen ein Punkt steht.)
Wenn eine Melodie aus einigen Staccato-Noten sowie auch aus ungebundenen Noten besteht, die über ihre ganze Länge ausgehalten werden sollen, kann über die ausgehaltenen Noten ein Strich gesetzt werden:

(Der kurze Strich wird manchmal als **tenuto** bezeichnet, nach dem Verb »halten«. Mit diesem Wort »tenuto« – oft auch: *ten.* – kann man den Interpreten darauf aufmerksam machen, von einer Note nicht zu früh wegzugehen.)
Für deutlich voneinander getrennte Noten, die für ein Staccato jedoch nicht leicht und spritzig genug sind, verwendet man die Bezeichnung **portato**. Sie können mit einem Bindebogen oder einem Strich über den Staccato-Punkten notiert werden:

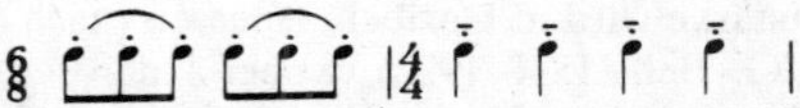

Über Staccato-Noten, die äußerst energisch und abrupt hervorgestoßen gespielt werden sollen, stehen statt der Punkte senkrechte kleine Keile:

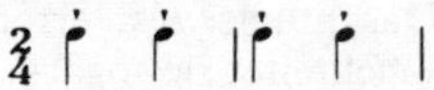

(Jeder Notenwert kann staccato gespielt werden, aber lange Noten wie etwa Halbe sind normalerweise als portato bzw. non legato notiert, solange das Tempo nicht sehr schnell ist. Eine Gruppe mit kurzen Noten, z. B. Sechzehntel, kann nur dann im Staccato stehen, wenn das Tempo langsam genug ist, um jede Note von der andern abzusetzen.)

Ein **Akzent**, den das Zeichen > setzt, verleiht einer Note eine zusätzliche Betonung:

Eine ausgehaltene und zusätzlich noch betonte Note wird oft mit dem Zusatz *sf* versehen. Das ist die Abkürzung für **sforzato**, d. h. »verstärkt«. *Sf* bedeutet, daß eine lange Note am Anfang lauter klingt als am Schluß.

Die Abstufung von laut und leise wird in der Musik als **Dynamik** bezeichnet.

Die Lautstärke kann genau gemessen werden, denn die Schwingungen, die die Frequenz eines Tons ergeben, liefern auch Hinweise darauf, wie laut er eigentlich ist. Die von der Ruhestellung aus gemessene Schwingungsweite heißt **Amplitude**. Je stärker der Energieaufwand ist, der eine Schwingung erzeugt, um so größer ist auch die Amplitude und um so lauter der Klang. Die Musiker können von Glück sagen, daß die Schwingungsweite keinen Einfluß auf die Frequenz der Note hat. Dies ist eines der Geheimnisse der **Akustik**, der Lehre vom Schall.

Die Lautstärke wird in **Dezibel** gemessen (nach dem Ingenieur A. G. Bell, 1847–1922), wobei 1 den leisesten Ton angibt, den das menschliche Ohr hören kann. Ein einziges Dezibel überschreitet damit gerade die »Klangschwelle«. Flüstern kommt auf etwa 10–20 Dezibel, ein Drucklufthammer auf 110, und jedes Geräusch über 130 Dezibel, wie etwa der Lärm eines Düsenflugzeugs, erreicht die »Schmerzgrenze« – oder überschreitet sie sogar.

Musiker rechnen nicht in Dezibel (eine Ausnahme bildet elektronische Musik); sie sehen das Verhältnis von laut und leise eher relativ und verwenden den Begriff **forte**, notiert: *f*, für die lauten und **piano**, notiert: *p*, für die leisen Stellen. Weitere dynamische Bezeichnungen sind: *ff* = fortissimo = sehr laut, *pp* = pianissimo = sehr leise, *mf* = mezzoforte = halb laut, *mp* = mezzopiano = halb leise (d. h. zwischen *mf* und *p*). An bestimmten Stellen kann auch schon mal *fff* und *ppp* (oder gar *pppp*) auftauchen, aber diese Extreme sind selten.
Wenn ein Musikstück nach und nach lauter werden soll, wird **crescendo** bzw. *cresc.* notiert, was soviel wie »wachsend« oder »zunehmend an Lautstärke« bedeutet. Wird es allmählich leiser, verwendet man den Hinweis **diminuendo** bzw. *dim.*, d. h. »nachlassend« oder »abnehmend an Lautstärke«. *Cresc.* bzw. *dim.* sind nicht nur fortlaufend, sondern auch intensivierend. Am Schluß eines *cresc.* oder *dim.* wird eine neue dynamische Angabe benötigt, um anzuzeigen, welcher Forte- bzw. Pianograd erreicht wurde. Ein kurzes *cresc.* wird durch das Zeichen $<$ angezeigt, ein kurzes *dim.* durch das Zeichen $>$.

Hohe Noten haben entsprechend ihrer höheren Frequenz eine größere Spannung als tiefe Noten. Es wäre jedoch falsch, bei jeder ansteigenden Phrase ein Crescendo und bei jeder abfallenden ein Diminuendo zu machen. Ausdruck in der Musik ist eine weitaus subtilere Angelegenheit. Jede Melodie besitzt ihre eigene Balance zwischen Spannung und Entspannung. Diese Balance läßt sich am einfachsten erkennen, wenn man hört, was passiert, wenn eine Melodie nicht nur mehr für sich allein gesungen oder gespielt wird, sondern im Zusammenhang mit anderen Noten erklingt.

Kapitel 14: Intervalle

Wenn zwei verschiedene Töne auf einmal gesungen oder gespielt werden, kann der Hörer sie gleichzeitig wahrnehmen, und zwar so deutlich, als ob sie nacheinander erklingen würden. Hört man sie zusammen, verschmelzen die beiden Klänge in einen, ohne dabei jedoch ihre Eigenart einzubüßen. Diese Klangkombination heißt **Intervall**.
Intervalle tragen die gleichen Bezeichnungen wie die melodischen Intervalle in Kapitel 3, und sie werden wie diese von der tiefsten Note aus gezählt, die mit 1 beziffert ist, z. B.:

Beim Intervall der Sekunde kann man nicht zwei Noten direkt übereinanderschreiben, da auf den Notenlinien nicht genug Platz ist. Deshalb notiert man die höhere Note rechts neben der tieferen:

Sekunde

Wird dieselbe Note von mehreren Personen bzw. Instrumenten gleichzeitig angestimmt, bezeichnet man sie als **Prime**. Für ganze Noten in der Prime schreibt man:

oder:

Andere Notenwerte in der Prime haben den gleichen Notenkopf, aber zwei Notenhälse – einen nach oben und einen nach unten:

(Die auf Seite 33 aufgestellte Regel, daß Notenhälse unterhalb der Mittellinie nach oben und oberhalb davon nach unten gehen, bezieht sich nur auf eine einzelne melodische Linie.)

Intervalle können mit jeder Note in jeder beliebigen Tonleiter gebildet werden. Der eigentliche Umfang des Intervalls, der in Ganz- und Halbtönen gemessen wird, verändert sich je nach der Stellung der Halbtöne auf der Tonleiter. So ist beispielsweise sowohl der Schritt von D nach E als auch von E nach F eine Sekunde, aber D–E ist die größere Sekunde, weil seine beiden Noten einen Ganzton auseinanderliegen, während der Abstand von E nach F nur einen Halbton beträgt. D–E bezeichnet man deshalb als **große Sekunde**, E–F hingegen als **kleine Sekunde**. Bei den Skalen auf den weißen Tasten bzw. den »diatonischen« Kirchentonarten auf den Seiten 26–29 war H–C die einzige weitere kleine Sekunde; alle anderen waren große Sekunden.

Allein durch Hören und Abzählen wird man feststellen, daß die Terzen auf den weißen Tasten entweder zwei Ganztonschritte – wie die **großen Terzen** C–E, F–A, G–H – oder einen Ganz- und einen Halbtonschritt – wie die **kleinen Terzen** A–C, H–D, D–F und E–G – umfassen.

Quarten auf weißen Tasten haben bis auf eine Ausnahme zwei Ganztöne und einen Halbton. Man bezeichnet sie als **reine Quarten**. Die Ausnahme ist die Quarte von F nach H, bei der die beiden Noten drei Ganztöne voneinander entfernt liegen. Dieses unbehagliche Intervall, das oft auch **Tritonus** genannt wird, ist eine **übermäßige Quarte**, weil sie einen Halbton zu groß ist.

Alle Quinten in den Kirchentonarten sind **reine Quinten**, die drei Ganztöne und einen Halbton umfassen, mit Ausnahme der Quinte von H nach F, die einen Halbton zu klein ist und deshalb als **verminderte Quinte** bezeichnet wird. Die Intervalle H–F und F–H sind eigentlich gleich groß, weil der Abstand zwischen den Noten jedes Intervalls drei Ganztöne beträgt. Dennoch ist der Schritt von H nach F eine Quinte und der von F nach H eine Quarte, da *Intervalle ihren Namen immer durch das Abzählen vom einen zum andern Buchstaben erhalten.*

Eine Sexte ist groß, wenn sie vier Ganztöne und einen Halbton umfaßt, und klein bei nur vier Ganztönen. Den klanglichen Unterschied zwischen einer großen und einer kleinen Sexte kann man leicht erkennen, indem man die höhere Note des Intervalls einen Schritt tiefer zu einer reinen Quinte erniedrigt: Wenn die Sexte einen Ganzton höher ist als die reine Quinte, handelt es sich um eine **große Sexte**; ist sie einen Halbton höher, um eine **kleine Sexte**. C–A, D–H, F–D, G–E sind große, A–F, H–G, E–C kleine Sexten.

Eine Septime ist groß, wenn sie fünf Ganztöne und einen Halbton umfaßt, und klein, wenn sie nur auf fünf Ganztöne kommt. Den klanglichen Unterschied zwischen einer großen und einer kleinen Septime kann man ebenfalls leicht feststellen, wenn man die höhere Note des Intervalls einen Schritt nach oben zur Oktave erhöht: Ist die Septime einen Halbton tiefer als die Oktave, ist es eine **große Septime**; ist sie einen Ganzton tiefer, eine **kleine Septime**. C–H und F–E sind große, A–G, H–A, D–C, E–D und G–F kleine Septimen.

Intervalle, zwischen denen mehr als eine Oktave liegt, sind

zusammen-
gesetzte
Sexte

zusammen-
gesetzte
Quarte

zusammengesetzte Intervalle. Sie werden genauso bezeichnet, als ob sie sich innerhalb einer Oktave befinden würden (Bsp. 64).

Zusammengesetzte Sekunden und Terzen bezeichnet man für gewöhnlich als **None** und **Dezime**:

None

Dezime

Intervalle können auch »auf den Kopf gestellt« bzw. **umgekehrt** werden, indem man die tiefere Note eine Oktave höher setzt, so daß sie nun zur höheren wird.

Eine umgekehrte Prime wird zur Oktave: 

Eine umgekehrte Sekunde wird zur Septime: 

Eine umgekehrte Terz wird zur Sexte: 

Eine umgekehrte Quarte wird zur Quinte: 

Eine umgekehrte Quinte wird zur Quarte: 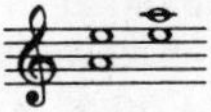

Eine umgekehrte Sexte wird zur Terz: 

Eine umgekehrte Septime wird zur Sekunde: 

Eine umgekehrte Oktave wird zur Prime: 

Große Intervalle werden durch die Umkehrung zu kleinen. Kleine Intervalle werden durch die Umkehrung zu großen. Übermäßige Intervalle werden durch die Umkehrung vermindert. Verminderte Intervalle werden durch die Umkehrung übermäßig. Reine Intervalle bleiben auch nach einer Umkehrung rein.

Kapitel 15: Konsonanz und Dissonanz

Probiert man verschiedene Intervalle auf dem Klavier aus, wird unser Ohr manche von ihnen als wohltuend empfinden, andere hingegen weniger. Ist das Klavier gut gestimmt, wird das Intervall der Oktave angenehm, zufrieden und *konsonant* klingen, während das Intervall der großen Septime – von F nach E bzw. C nach H – nichts dafür kann, daß es unangenehm, unzufrieden und *dissonant* klingt.

Die Entscheidung, ob nun ein Intervall eine **Konsonanz** oder eine **Dissonanz** ist, hängt nicht von persönlichen Vorlieben ab, sondern von den Schallschwingungen, die entstehen, wenn zwei Noten zur gleichen Zeit gehört werden. Jede Note eines Intervalls hat ihre eigene Frequenz, z. B. hat die Note a′ eine Schallwelle mit 440 Schwingungen pro Sekunde, und die Note c″ hat eine Schallwelle mit 523. Dabei handelt es sich um echte Wellen, die zu einem Gipfelpunkt anschwellen und zu einem Tiefpunkt absinken. Wenn a′ und c″ nun zusammen erklingen, fallen ihre Gipfel- und ihre Tiefpunkte nicht zusammen. Die beiden Wellenlinien überschneiden sich mehrere Male und treffen auf ihren unterschiedlichen Wegen an verschiedenen Punkten aufeinander. Diese Überschneidungspunkte erzeugen eine Art von schwachem, aber anhaltendem Pochen, das ein wenig unruhig und unangenehm klingt. Das Pochen verändert sich mit jedem Intervall; es kann genau gemessen werden, weil die Wellenlängen mathematisch zuverlässig sind. Die graphische Darstellung von Dissonanzen zeigt, daß die unbehagliche Spannung bei den Intervallen der kleinen Sekunde und der großen Septime am größten ist. Die große Sekunde und die kleine Septime sind zwar ebenfalls dissonant, klingen aber nicht ganz so aufdringlich. Der Tritonus ist ebenfalls spannungsvoll, und es gibt auch ein leichtes Pochen oder *Schlagen* bei den großen und kleinen Terzen und Sexten. Davon nahezu unbehelligt sind die reine Quarte, die reine Quinte und die reine Oktave. Die Prime, bei der die Schallwellen auf einer Linie liegen, ist völlig ruhig.

Die genauen Messungen anhand der graphischen Darstellungen von Dissonanzen ermöglichen es, Intervalle in drei verschiedene Kategorien einzuteilen: perfekte Konsonanzen, imperfekte Konsonanzen und Dissonanzen.

Primen, Oktaven, reine Quinten und reine Quarten sind **perfekte Konsonanzen**.

Große und kleine Terz sowie große und kleine Sexte sind **imperfekte Konsonanzen**.

Große und kleine Sekunden, große und kleine Septimen sowie übermäßige und verminderte Intervalle sind **Dissonanzen**.

Konsonante Intervalle klingen angenehm und bilden Ruhepunkte. Dissonante Intervalle hingegen sind spannungsvoll und klingen, als ob sie diese unbequeme (Ton-)Lage verlassen wollten. In der Musik braucht man sowohl Dissonanzen als auch Konsonanzen, weil sie gerade durch diesen Wechsel von Spannung und Entspannung lebendig bleibt.

Teil IV

Kontrapunkt

Kapitel 16: Die Anfänge der Kontrapunktik

Als man im Mittelalter erstmals versuchte, in Intervallen zu singen, hielt man sich an perfekte Konsonanzen. Der Hauptstimme wurde eine vertraute Melodie in der normalen Tonlage anvertraut, während die zweite Stimme die gleiche Melodie eine Quinte (Bsp. 64) oder eine Quarte (Bsp. 65) tiefer sang. Die beiden Stimmen in Bsp. 64 und 65 führen eine **Parallelbewegung** aus, indem sie – ob sie nun nach oben oder unten gehen – immer den gleichen Abstand einhalten.

Bsp. 64

Bsp. 65

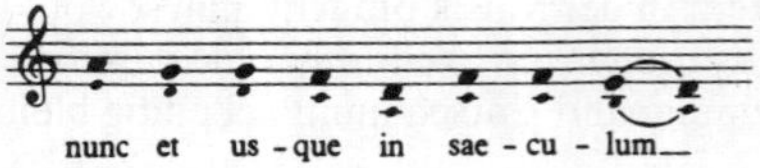

Anhand dieser einfachen mehrstimmigen Gesänge stellten die Musiker im 9. Jahrhundert fest, daß sich die Parallelbewegung leicht ausführen ließ, mit einer Ausnahme: nämlich, wenn sie eine Quart über dem F oder eine Quint über dem H singen mußten. Hierbei war der Tritonus eine unangenehme Überraschung für sie. Um sich diesen unbehaglichen »Mißklang« zu ersparen, setzten die Sänger das H immer dann einen Halbton tiefer, wenn es zusammen mit F gesungen wurde. Dieses Verfahren, eine Note einen Halbton tiefer zu setzen, nennt man **Erniedrigung**. Das **Erniedrigungszeichen**

ist ♭; es wird an die entsprechende Stelle genau vor die Note gesetzt:

Bsp. 66

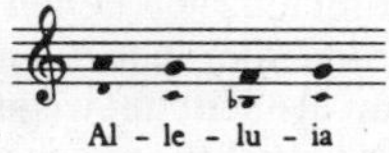

Bsp. 67

(Heute können wir, wenn wir wollen, jede der sieben Noten erniedrigen; im frühen Mittelalter indes war dies nur bei H möglich.)

Bei Bsp. 66 und 67 half das erniedrigte H den damaligen Sängern, den Tritonus zu vermeiden. Aber es bedeutete auch, daß sie die gewählte Tonart verlassen mußten, und bei ihren Bemühungen, innerhalb der Tonart zu bleiben, begannen sie manchmal damit, auf einer Prime zu singen, wichen dann zu einer Quarte oder Quinte aus und kehrten am Schluß der Phrase wieder zur Prime zurück:

Bsp. 68

9. Jahrhundert

In Bsp. 68 sind die Stimmen nicht mehr an eine Parallelbewegung gebunden; sie können auch andere Intervalle als nur reine Konsonanzen singen. Am Anfang jedes Abschnitts des Kirchenliedes durchlaufen sie die Dissonanz einer Sekunde und die imperfekte Konsonanz einer Terz. Dennoch fühlt man sich keineswegs unbehaglich, ja, das dissonante Intervall ist sogar leicht zu singen. Das liegt daran, daß der Ton verbunden wird: Man nähert sich der dissonanten

Sekunde und verläßt sie schrittweise, während die tiefere Stimme sicher auf der gleichen Tonhöhe verankert bleibt. Die Notationsweise für zwei Stimmen, von denen eine auf derselben Note verweilt, während die andere nach oben oder unten geht, bezeichnet man als **Seitenbewegung**. Die Bewegung in entgegengesetzte Richtung nach oben und unten heißt **Gegenbewegung** (vgl. Bsp. 68). Diese Entdekkung hatte eine erstaunliche Wirkung auf die Kunst des »Note gegen Note«-Satzes oder **Kontrapunkts**. Im Verlauf der folgenden 600 Jahre wurden die Stimmen immer unabhängiger. Jede von ihnen bekam – wie in Bsp. 69 – ihre eigene Melodie, wobei die tiefere Stimme die Noten des ursprünglichen Gregorianischen Gesangs vortrug, den sogenannten **Cantus**, während die höhere eine eigenständige Melodie sang, den **Discantus** bzw. **Diskant**:

11. Jahrhundert

Bsp. 69

Zu Beginn des 12. Jahrhunderts hatten die Musiker herausgefunden, daß Stimmen auch rhythmisch unabhängig sein können. An Stelle des Note-gegen-Note-Setzens in der Kontrapunktik sang nun die Hauptstimme den Cantus in langsamen, langgezogenen Tönen, von denen jeder ungefähr die gleiche Länge hatte, während die Oberstimme den Diskant mit kürzeren Notenwerten sang:

Bsp. 69a

Frühes 12. Jahrhundert

Diese Ausweitung der Melodie in lange, langsame Notenwerte nennt man **Augmentation**.
Bald danach wurde der Rhythmus der Kirchenmusik in Takte unterteilt. In Bsp. 70 singt die tiefere Stimme die Melodie eines Gregorianischen Gesangs mit langsamen Noten von genau gleicher Länge, während die Oberstimme ihre eigene Fassung in einem rhythmischen Muster mit kürzeren Notenwerten singt:

Bsp. 70

Spätes 12. Jahrhundert

In Bsp. 70a, das auf dem gleichen Gregorianischen Gesang wie Bsp. 70 aufbaut, hat sich die Hauptstimme von der Beschränkung auf eine Note pro Takt gelöst und wird nun rhythmisch kühner geführt. Die beiden Stimmen zeigen ihre größere Eigenständigkeit durch die Platzwechsel bzw. **Stimmkreuzungen** in Takt 5:

Bsp. 70a

13. Jahrhundert

Die Dissonanz auf der betonten Zählzeit zu Beginn von Takt 4 in Bsp. 70a trägt zur Lebendigkeit dieser Musik bei. Sie läßt sich deshalb so einfach singen, weil sie schrittweise

durch eine Gegenbewegung erreicht wird. (Dies gilt für alle dissonanten Intervalle, die seither geschrieben wurden. Man kann im Prinzip alles singen, wenn es in eine fließende Gegenbewegung eingebettet ist.)
Die Stimmkreuzungen führten zu einer neuen, aufregenden Entwicklung des Kontrapunkts. Die Sänger übernahmen Phrasen voneinander, indem eine Stimme die gleichen Noten sang, die eine andere kurz zuvor vorgetragen hatte, wie etwa in Bsp. 71. (Die Stimmen werden jetzt auf verschiedenen Notenlinien, die mit einer Klammer bzw. **Akkolade** verbunden sind, notiert, weil Stimmkreuzungen in einem Liniensystem zu unübersichtlich wären. Das Auge gewöhnt sich rasch daran, zwei Notenlinien gleichzeitig zu lesen.)

Bsp. 71

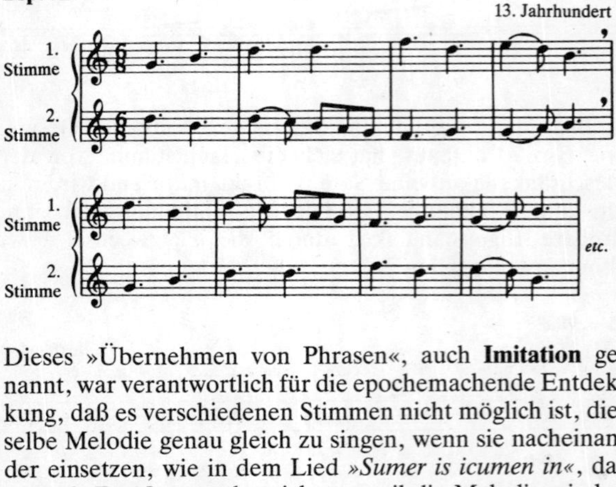

Dieses »Übernehmen von Phrasen«, auch **Imitation** genannt, war verantwortlich für die epochemachende Entdekkung, daß es verschiedenen Stimmen nicht möglich ist, dieselbe Melodie genau gleich zu singen, wenn sie nacheinander einsetzen, wie in dem Lied *»Sumer is icumen in«*, das man als **Rundgesang** bezeichnet, weil die Melodie wie bei einem sich drehenden Rad immer wiederkehrt (Bsp. 72).
Diese Art von Imitation, bei der sich jede Stimme an genau dieselbe Melodie hält, nennt man **Kanon**, nach dem griechi-

Anonym, 13. Jahrhundert

Bsp. 72

schen Begriff für »Richtschnur, Regel«. (Die Bezeichnungen *Rundgesang* und *Kanon* erscheinen manchmal austauschbar, es gibt aber einen Unterschied: Bei einem Rund-

gesang setzt die zweite Stimme ein, wenn die erste an das Ende einer Phrase im Satz gelangt ist; beim Kanon hingegen kann die zweite Stimme einsetzen, wenn die erste noch mitten in einem Wort ist.)
Beim Kanon brauchen die Stimmen nicht alle die gleiche Tonhöhe zu haben; oft kommt es vor, daß eine Stimme eine Quarte tiefer oder eine Quinte höher als die andere einsetzt, wie Bsp. 73 zeigt.

Obrecht

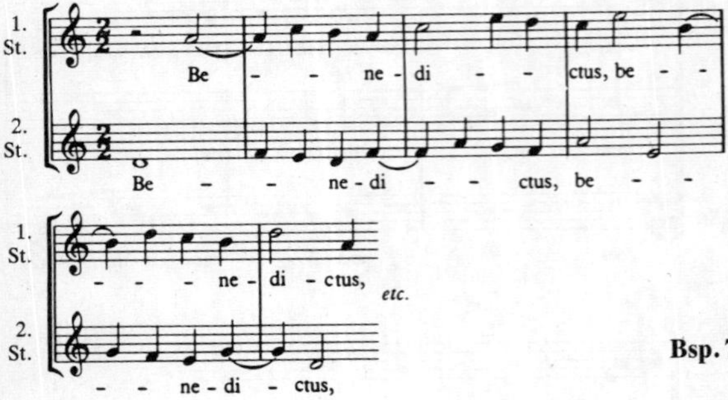

Bsp. 73

Kanons bieten einem Komponisten eine der anregendsten Möglichkeiten, Klänge miteinander zu verbinden. Dadurch kommt in die Musik eine neue Dimension, denn der Hörer kann das, was er aufnimmt, einerseits vorausahnen, andererseits es sich auch merken.
Die Erfindung des Kanons hat wesentlich zum »Goldenen Zeitalter« der kontrapunktischen bzw. der **polyphonen** (d. h. »vielstimmigen«) Musik des 16. Jahrhunderts beigetragen.
In ganz Europa gab es so viele große Komponisten, daß man schon ein biblisches Alter erreichen muß, um sich nur mit einem kleinen Teil ihrer Werke vertraut zu machen. Es wurden so viele Meisterwerke geschrieben, daß heute eigentlich

kein Chor sich darüber beklagen müßte, daß er für seine Konzerte keine passenden Stücke mehr findet.
Man braucht indes schon einen Experten, um die originalen Stimmbücher aus dem 16. Jahrhundert zu lesen, die in den großen Bibliotheken aufbewahrt werden, denn vor 400 Jahren schrieb man die Taktvorzeichnungen und Tonartvorzeichen anders. In jüngerer Zeit wurden jedoch viele praktisch verwendbare Ausgaben veröffentlicht, so daß auch Laien polyphone Musik singen können.
Studenten, die sich mit der Kontrapunktik befassen, versuchen von den Komponisten des 16. Jahrhunderts zu lernen, so wie Literaturstudenten Werke großer Schriftsteller lesen, um auf diese Weise eine Sprache zu erlernen.

Kapitel 17: Der Kontrapunkt in der Renaissance

Anfänger glauben oft, daß beim Kontrapunkt lange darum gerungen werden muß, daß die verschiedenen Stimmen zusammenpassen, ohne dabei eine Regel zu verletzen. Doch die Komponisten der Renaissance im 16. Jahrhundert fanden zwar Gefallen daran, im Rahmen der selbstauferlegten Beschränkungen zu bleiben, sie ließen es aber nicht zu, daß die komplizierten Verflechtungen des Kontrapunkts die gefällige **melodische Linie** der Musik beeinträchtigten.
Ihre melodische Linie ergab sich oft aus dem Gestus der Wörter, wie in der aufsteigenden Phrase auf »ascendit« in Bsp. 74.

Bsp. 74

Orlando di Lasso

Diese Art von Tonmalerei für »hoch« und »tief« verlangte von den Sängern niemals Töne, deren hohe oder tiefe Lage für die Stimmen unangenehm war; die Komponisten hielten sich an einen bestimmten Umfang oder **Ambitus** von Tönen für jede Melodielinie, wobei sie die Lage wählten, die jedem einzelnen Sänger paßte.

Die Aufteilung der melodischen Linien unter den verschiedenen Stimmen, von denen jede eine Quarte oder eine Quinte höher oder tiefer singt als die nächste, führte zu einer Anpassung bei der kontrapunktischen Imitation. Eine antwortende Stimme, die im Kanon eine Quarte tiefer imitiert, konnte die Phrase nicht immer genau in derselben Form wiedergeben, weil die Wechselbeziehung Tonika/Dominante so unausweichlich war, daß auch mit Dominante/Tonika geantwortet werden mußte, wie in Bsp. 75.

Bsp. 75 Morales

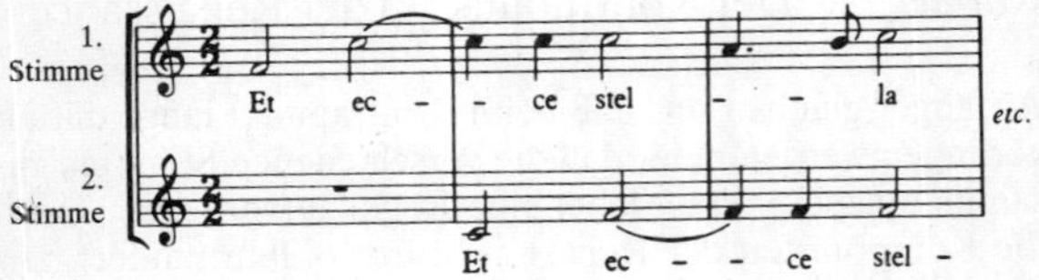

Der Eintritt der ersten Stimme in Bsp. 75, der von der Tonika zur Dominante führt, wird **authentische** Version der Töne genannt, während man den Eintritt der zweiten Stimme, von der Dominante zur Tonika, als **plagal** bezeichnet.

Diese Anpassung wurde bei schrittweisen Tönen selten benötigt. Die Verbindung Tonika/Dominante war nicht so augenfällig, und sie konnten viel leichter auf eine andere Tonstufe übertragen bzw. **transponiert** werden, ohne ihre originale Gestalt zu verändern. Aber Melodien mit einem B benötigten in der Antwortstimme ein Es, wie Bsp. 76 zeigt.

Bsp. 76

Josquin

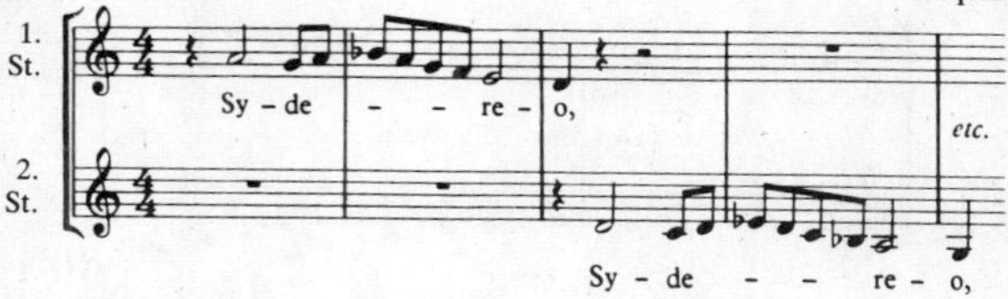

Melodien mit einem H benötigten – transponiert – in der Antwortstimme wiederum ein um einen Halbton **erhöhtes** F. Das **Erhöhungszeichen** – ♯ – schreibt man an die entsprechende Stelle vor die Note, wie bei der Antwort in Bsp. 77.

Bsp. 77

(Heute können wir jede beliebige Note erhöhen oder erniedrigen; beim Kontrapunkt im 16. Jahrhundert indes waren F♯, C♯ und G♯ die einzigen erhöhten, H♭ und E♭ die einzigen erniedrigten Noten; andere Erhöhungen und Erniedrigungen stellten Ausnahmen dar.)
Erhöhungszeichen wurden oft bei Kadenzen verwendet, denn die Komponisten stellten fest, daß der Halbton unterhalb der Tonika die Melodie mit unwiderstehlicher Kraft zurückführte. Deshalb wird die große Septime einer Tonleiter oft als **Leitton** bezeichnet. (Es ist nicht erforderlich, am Anfang von Bsp. 78 das Erniedrigungszeichen für die zweite und dritte Note zu wiederholen; ein Erhöhungs- bzw. Erniedrigungszeichen vor einer Note ist *auch für den Rest des Taktes gültig*.)

Bsp. 78

Josquin

Manchmal wechselt eine erhöhte oder erniedrigte Note nur wenig später zur »diatonischen« Tonleiter auf den weißen Tasten: Auf ein Fis kann beispielsweise im gleichen Takt ein F mit einem **Auflösungszeichen** folgen oder auf ein B ein H mit einem Auflösungszeichen. Das Zeichen für einen aufgelösten Ton – ♮ – schreibt man wie in Bsp. 79 vor die Note.

Bsp. 79

Die freie Auswahl zwischen erhöhten, erniedrigten und aufgelösten Noten führte die Musik allmählich aus der Beschränkung auf die Tonarten der weißen Tasten heraus und verlieh dem Kontrapunkt im 16. Jahrhundert eine besondere Spannung.
Die Komponisten der Renaissance gaben sich nur noch selten damit zufrieden, ununterbrochen im Note-gegen-Note-Satz zu schreiben, weil sich dabei für ihre Begriffe zu wenig ereignete. In ihren kurzen Phrasen des Note-gegen-

Bsp. 80

Note-Setzens konnten sie nur (perfekte und imperfekte) konsonante Intervalle verwenden, wie in Bsp. 80.
In Bsp. 80 gibt es keine Quarte, weil beim zweistimmigen Kontrapunkt im 16. Jahrhundert die reine Quarte als Dissonanz galt. Dies mag etwas verwirrend erscheinen, denn das *einzelne* Intervall an sich bleibt eine perfekte Konsonanz. Jedoch ist Musik niemals statisch, und wenn man eine reine Quarte in Beziehung zu den anderen Intervallen hört, klingt die obere Note sehr oft, als ob sie einen Halbton tiefer gehen will, um eine große Terz zu bilden. Durch dieses »Woandershinwollen« klingt sie unzufrieden und muß wie eine Dissonanz behandelt werden. (Quarten können in den Oberstimmen des drei- oder mehrstimmigen Kontrapunkts Note-gegen-Note benutzt werden, da das Intervall nur in der tiefsten Stimme unangenehm klingt.)
Die Komponisten des 16. Jahrhunderts verwendeten in ihrem Kontrapunkt Parallel-, Seiten- und Gegenbewegung, jedoch zogen sie die Gegenbewegung den beiden anderen vor, da sie weitaus mehr Freiraum zuließ.
In der Parallelbewegung machten sie nur von imperfekten Konsonanzen Gebrauch (Terzen und Sexten):

Bsp. 81

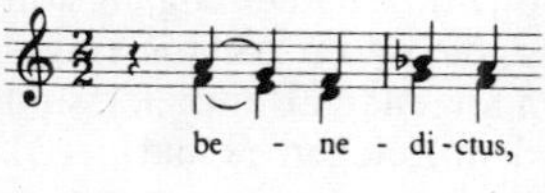

Bsp. 82

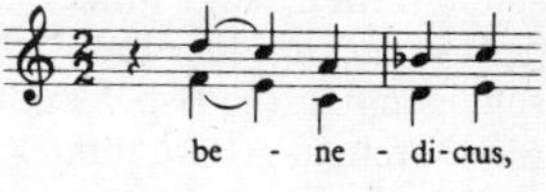

Perfekte Konsonanzen wurden in der Kontrapunktik der Renaissance nie in Parallelbewegung verwendet; denn diese Intervalle sind allein schon so stark, daß sie eine melodische

Bsp. 83

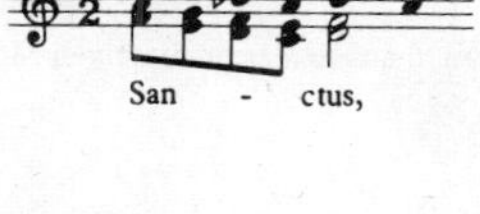

Linie intensivieren könnten, die dadurch im freien polyphonen Satz zu großes Gewicht erhalten würde. Deshalb vermieden die Komponisten parallele Oktaven oder Quinten. Ebenso verwendeten sie keine parallelen Quarten im Baß, dafür jedoch in den höheren Lagen (vgl. Bsp. 83). Dissonanzen durften im 16. Jahrhundert niemals in Parallelbewegung nach oben oder unten geführt werden, weil eine Dissonanz aufgrund ihrer unangenehmen Spannung immer nach Entspannung strebt bzw. danach, in eine Konsonanz **aufgelöst** zu werden. Ohne ihre **Auflösung** hat eine **Diskordanz** bzw. Dissonanz in der Kontrapunktik der Renaissance keine Bedeutung.

Kapitel 18: Die glatte Auflösung der Dissonanz

Die in der Kontrapunktik der Renaissance am häufigsten verwendete Dissonanz ist der **Durchgangston**, bei dem es sich um eine dissonante Note handelt, die sich schrittweise nach oben oder unten von einer Konsonanz zur anderen bewegt. Die Dissonanz fällt immer *zwischen* die Schläge des Taktes; die danebenstehenden Noten, die *auf* den Taktschlag fallen, sind immer konsonant. Ein Durchgangston geht immer in dieselbe Richtung, die er am Anfang eingeschlagen hat. (In Bsp. 84 und den folgenden Beispielen sind die Durchgangstöne immer mit dem Zeichen ★ markiert.)

Orlando di Lasso

Bsp. 84[1]

1 Die Bsp. 84–90 stammen aus den zweistimmigen Motetten von Orlando di Lasso (1532–1594).

Eine **Wechselnote** ist ebenso wie ein Durchgangston eine dissonante Note, die sich schrittweise nach oben oder unten zu einer Konsonanz bewegt, doch anstatt die eingeschlagene Richtung beizubehalten, kehrt die Wechselnote wieder zu der Note zurück, die sie gerade verlassen hat. (In Bsp. 85 und den folgenden Beispielen sind die Wechselnoten mit † markiert.)

Bsp. 85

Bei einer **Antizipation** (= Vorausnahme) handelt es sich um eine kurze dissonante Note, die schrittweise von einer Konsonanz aus tiefer geht, wobei sie das Erreichen der angestrebten Note vorwegnimmt. (In Bsp. 86 ist die Antizipation mit ⋇ markiert.)

Bsp. 86

Ein **betonter Durchgangston** ist eine dissonante Note, die schrittweise nach unten geht. Im Gegensatz zum gewöhnlichen Durchgangston handelt es sich beim betonten (in

Bsp. 87

Bsp. 87 mit ⊕ markiert) um eine Dissonanz *auf* den Schlag. Die darauffolgende kurze Note ist immer konsonant.
In der Musik des 16. Jahrhunderts verwendete man betonte Durchgangstöne sehr oft auf der *unbetonten* Zählzeit, d. h. auf den zweiten oder vierten Schlag des $^4/_4$-Takts.
Die einzige Dissonanz, die im 16. Jahrhundert auf die betonte Zählzeit fiel, war der **Vorhalt**. Dies ist ein Kunstgriff, der das Erreichen der Note, die tatsächlich zu dem Intervall gehört, hinauszögert. Er verleiht den Intervallen eine anregende Spannung, die mit ihren ruhigen Konsonanzen sonst spannungslos klingen könnten, und er bringt durch Synkopierung eine gewisse Erregung in eine Taktart, die andernfalls zu schwerfällig und ereignislos wäre. In Bsp. 88 etwa ist der Kontrapunkt durchaus befriedigend, aber auch ein bißchen harmlos:

Bsp. 88

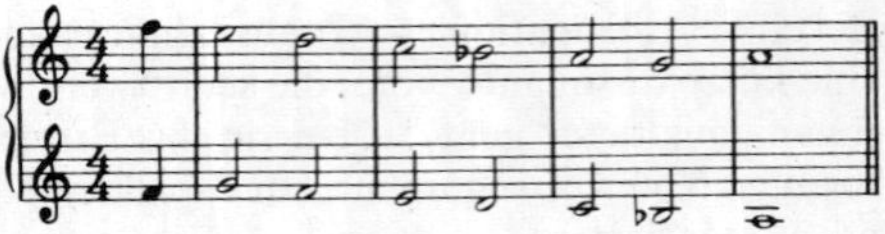

Er wird beträchtlich lebhafter, wenn man die Oberstimme so erweitert, daß sie wie in Bsp. 88a immer um eine Viertelnote verschoben ist:

Bsp. 88a

Die gebundenen Noten in Bsp. 88a sind Vorhalte. Ein Vorhalt ist als Ruhepunkt undenkbar; wie alles andere in der Musik muß er *in der Bewegung gehört werden*. In Bsp. 88b (von dem Bsp. 88a die einfachere Version darstellt) drängen die Vorhalte noch stärker voran, da der Komponist vor jeder Auflösung eine Antizipation einführt und die Auflösung am Schluß noch mit einer Antizipation und einer Wechselnote ausziert:

Bsp. 88b

Die tiefere Stimme in Bsp. 88b trägt zusätzlich zur Belebung des Rhythmus bei, indem sie sich schrittweise einer neuen Konsonanz annähert und dann zur nächsten betonten Zählzeit des Taktes springt.

Kapitel 19: Sprünge

In der Kontrapunktik des 16. Jahrhunderts ging ein **Sprung** immer zu einer Konsonanz hin oder von ihr weg, wie Bsp. 89 zeigt.

Bsp. 89

(Es *sieht so aus, als ob* die Sprünge in Bsp. 88b auf einer Dissonanz landen; dies liegt jedoch an dem verzögerten Erreichen der synkopierten Intervalle.)
Die einzige Dissonanz, die durch einen Sprung verlassen

wird, ist die **Cambiata** bzw. »Wechselnote«. Es ist die zweite aus einer Gruppe von vier kurzen Noten, die ein Schema wie in Bsp. 90 bilden (die Cambiata ist durch »c.« markiert):

Bsp. 90

Rasche Sprünge sind in der Sakralmusik des 16. Jahrhunderts selten, man findet sie jedoch recht häufig in den weltlichen Kompositionen. In Bsp. 91 sorgt der muntere Quartsprung abwärts, der in jedem Takt auf einer neuen Stufe wiederholt wird, für eine deutliche Betonung der Wörter:

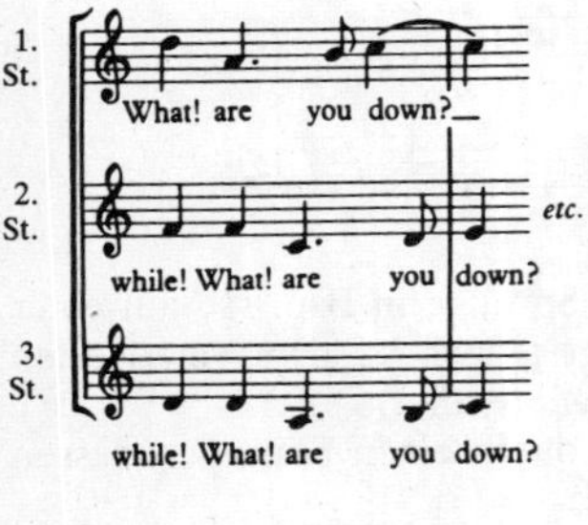

Bsp. 91

(Die Sänger im 16. Jahrhundert hätten bei Bsp. 91 ohne Taktstriche auskommen müssen. Schreibt man die Melodie in moderner Notation, erhält die erste Stimme nicht die konventionelle Gruppierung einer an eine Achtel gebundene Viertel; die ungewöhnliche Verbindung läßt auf einen Blick erkennen, daß der Rhythmus selbst recht unüblich ist.)
Die imitierende zweite und dritte Stimme setzen so kurz nach der ersten ein, daß diese durch die Einführung eines Gegentaktes beinahe aus dem Gleichgewicht gebracht wird. Dieser **gegentaktige Rhythmus** der zweiten und dritten Stimme kann nur in kurzen Abschnitten verwendet werden,

Bsp. 92 (zu S. 86)

da er in seiner Überfülle zu atemlos wirkt, als daß er lange durchzuhalten wäre.
Viele der schnellen weltlichen Lieder der Renaissance stehen in einfacheren, tanzartigen Rhythmen, wobei die Stimmen auf die übliche Imitation verzichten und sich in **homophonen** bzw. »gleichklingenden« Taktarten wie in Bsp. 92 zusammen bewegen. Bei diesem Lied geht es dem Komponisten nicht nur um das horizontale Hören der Verflechtung verschiedener Melodielinien, sondern auch um das vertikale Erfassen der Intervallverbindungen auf den ersten und dritten Schlag jedes Taktes.
Diese Intervallverbindungen bezeichnet man als **Akkorde**. (Man sollte sich merken, daß ein Intervall nur aus zwei Noten besteht, ein Akkord hingegen aus mehr als zwei Noten.)
Die Lehre von den Akkorden ist die **Harmonik**.

Teil V

Akkorde

Kapitel 20: Dreiklänge

Zwischen Harmonik und Kontrapunktik gibt es keine festgelegte Grenze. Akkorde können aus Melodien heraus erwachsen, und Melodien können aus Akkorden entstehen. Die heiteren »Fa-la-las« in Bsp. 92 bewegen sich in vertikalen Akkordblöcken, aber beim Vortrag achten die Sänger hauptsächlich auf die horizontale Melodieführung.
Bei Rundgesängen lernt man am leichtesten, sowohl vertikal als auch horizontal zu hören. Trägt man den elisabethanischen Rundgesang für vier Stimmen in Bsp. 93 unisono vor, dann besteht die Musik quasi nur aus einem Ton:

Bsp. 93[1]

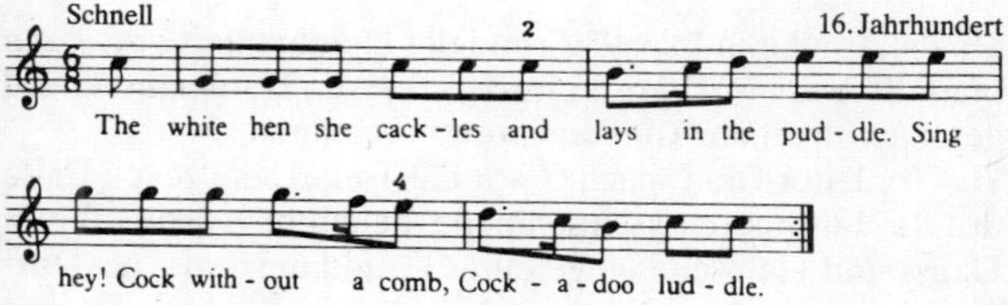

Setzt jede der vier Stimmen in Bsp. 93 mit jeweils einem Takt Abstand nacheinander ein, fallen dem Hörer vor allem die beiden Akkorde auf, die stets die betonte Zählzeit in jedem Takt bilden. (Bsp. 93a zeigt die alternative Notation von Bsp. 93, bei der man den vertikalen Ablauf deutlicher erkennen kann.)
Die beiden immer wiederkehrenden Akkorde sind die In-

1 Falls das Lied zu hoch liegt, kann man es eine Oktave tiefer singen.

Bsp. 93a

tervallverbindungen, die auf das erste und das vierte Achtel jedes Taktes fallen, wie Bsp. 93b zeigt:

Bsp. 93b

Da die Tonika in Bsp. 93 C und die Dominante G ist, kann man die beiden Akkorde in Bsp. 93b als **Dominantakkord** gefolgt von einem **Tonikaakkord** bezeichnen.
Die Tonleiter von C nach C war die Tonart, die gegen Ende des 16. Jahrhunderts zunehmend beliebter wurde. Ihr in Ganz- und Halbtöne eingeteiltes Grundmuster ist als **Dur-Tonleiter** bekannt. Die dorische, phrygische, lydische und mixolydische Tonart kamen im 17. Jahrhundert aus der Mode, und die einzige andere Tonleiter, die verwendet wurde, war eine abgewandelte Fassung der äolischen Skala, die sogenannte **Moll-Tonleiter**.
Jede Stufe auf einer Dur- bzw. Moll-Tonleiter hat ihren eigenen Namen, der die Beziehung zur Tonika beschreibt (Bsp. 94. – Als Alternative zu den Bezeichnungen in diesem Beispiel werden manchmal auch die Namen der Tonika so–fa verwendet: do, re, mi, fa, so, la, ti.)

Bsp. 94

Jeder Schritt auf der Tonleiter hat seinen eigenen Akkord:

Bsp. 94a

Diese aus drei Noten gebildeten Akkorde bezeichnet man als **Dreiklänge**. Ein Dreiklang setzt sich zusammen aus jeder beliebigen Note der Tonleiter mit ihrer darüberliegenden Terz und Quinte. Dabei kann es sich um einen Dur- oder Moll-Dreiklang handeln, je nachdem, ob die Terz über dem Ausgangston in Dur oder in Moll steht. Auf einer Dur-Tonleiter sind die Dreiklänge der Tonika, Subdominante und Dominante **Dur-Dreiklänge**, und die Dreiklänge auf der Subdominantparallele, Mediante und Untermediante sind **Moll-Dreiklänge**. Beim Dreiklang auf dem Leitton handelt es sich um einen **verminderten Dreiklang**, weil die Quinte über dem Leitton vermindert ist.

Die Dreiklänge für jede Note der Tonleiter werden – entsprechend der Tonstufe, von der sie ausgehen – mit römischen Zahlen und den klein geschriebenen Ziffern $^5_3$ angegeben, um darauf hinzuweisen, daß der Akkord aus dem dritten und dem fünften Ton über dem tiefsten Ton bzw. dem *Baßton* besteht. Bsp. 94a kann man also auch schreiben:

$$\text{C. } I^5_3\ II^5_3\ III^5_3\ IV^5_3\ V^5_3\ VI^5_3\ VII^5_3.$$

Mit dicht geschichteten Dreiklängen kann man eine Melodie nicht harmonisieren; die Akkorde müssen aus dem eng geschnürten Notenpaket herausgelöst werden und durch richtige Stimmführung die Melodie stützen. (Der Nachweis dafür ist schnell erbracht, wenn man einmal versucht, »Freude, schöner Götterfunken« ausschließlich mit den geballten parallelen Dreiklängen in Bsp. 94a zu spielen.)
Bei richtiger Stimmführung gehen die Akkorde oft auch unter den Bereich des Violinschlüssels; ihre tiefsten Noten können wirkliche Baßnoten sein. Deshalb ist es erforderlich, alle Noten im Baßschlüssel in Bsp. 95 zu lernen:

Bsp. 95

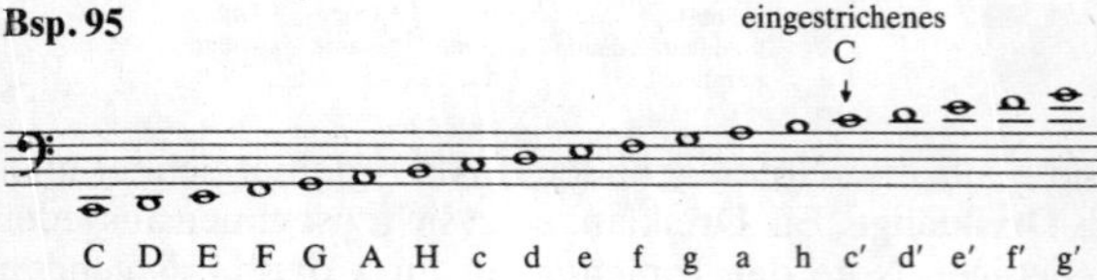

(Die Linie für das F unterhalb des eingestrichenen C [f] ist durch den Notenschlüssel bereits eindeutig festgelegt. Nun prägt man sich die darüberliegenden Noten g und a ein und lernt dann die darunterliegenden e und d. Diese fünf Noten wiederholt man so lange, bis man damit vertraut ist; dann kann man weiter nach oben und unten gehen. *Man höre auch immer das, was man gerade lernt*, so als ob man die Aussprache von Vokabeln einer Fremdsprache übt.)
Verteilte Akkorde sind sehr oft Akkorde mit vier Noten, wobei eine der drei Noten des Dreiklangs in der Oktave oder Prime **verdoppelt** ist. Bsp. 96 zeigt ein halbes Dutzend

Bsp. 96

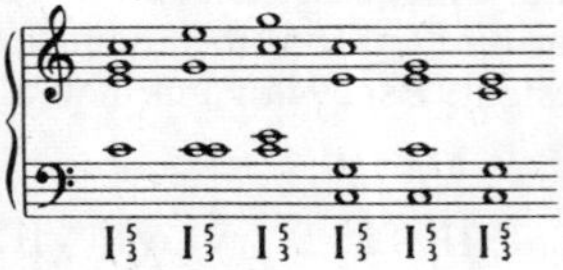

möglicher Verteilungen des Tonika-Dreiklangs von C mit der Tonika als *verdoppelter Note*.
(Es gibt noch viele andere mögliche Verteilungen der Akkorde. Die Terz und die Quinte können *jede* beliebige Stellung über der tiefsten Note einnehmen; die Bezeichnung $^5_3$ weist nur darauf hin, daß Terz und Quinte an den entsprechenden Stellen auftauchen müssen.)
Der *Tonika-Dreiklang* wird manchmal auch als **Grundakkord** bezeichnet. Die Ordnung des Grundakkords beruht auf einem Gesetz der Akustik. Schlägt man auf dem Klavier einen Ton an, schwingt seine Saite, die gespannt wurde, um eine bestimmte Frequenz zu haben, in ihrer gesamten Länge. Gleichzeitig schwingt sie jedoch in Abschnitten von einer halben, einer Drittel, einer Viertel Saite usw. Jeder dieser Abschnitte erzeugt – je nach seiner Frequenz – einen eigenen kaum hörbaren, beinahe unheimlichen Ton. Diese kaum wahrnehmbaren Töne heißen **Teiltöne** bzw. **Obertöne** oder auch **Partialtöne**. Handelt es sich bei der gespielten Note um ein C, das zwei Oktaven unter c′ liegt, dann zeigt Bsp. 97 die dazugehörige **Obertonreihe**. (Die in Klammern angegebenen Teiltöne klingen etwas unrein.)

Bsp. 97

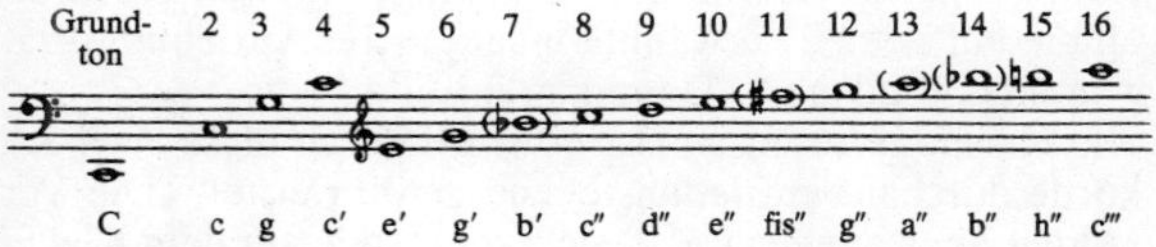

Die höher liegenden Teiltöne können wir nicht hören, was ein wahrer Segen ist, denn es handelt sich dabei um schrille, unerträgliche Dissonanzen. Aber den 2., 3., 4., 5. und 6. Teilton können wir – *ganz* schwach – wahrnehmen, wenn der **Grundton** C mit Pedal gespielt wird. Diese hörbaren Teiltöne sind die Töne des *Grundakkords* von C.

Kapitel 21: Kadenzen

Befaßt man sich genauer mit der Harmonik, dann bedeutet das, nicht nur auf den Klang zu hören, sondern auch *auf die Art und Weise, in der ein Grundton auf den anderen folgt:*

Bsp. 98

Die Grundtöne in Bsp. 98 passen so gut zu der Melodie, daß sie geradezu zwangsläufig erscheinen. Die Entscheidung, welcher der möglichen Dreiklänge genommen werden soll, hängt vom Können und der Erfahrung ab. Für einen Anfänger genügt es, sich jeweils mit dem Klang und dem Gefühl für zwei oder drei Akkorde vertraut zu machen. Mit der Beziehung zwischen dem Tonikaakkord (I) und dem Dominantakkord (V) sollte man sich zuerst befassen, denn sie ist in der ganzen Harmonik am wichtigsten. Man denke nur an die auf Seite 29 erwähnte magnetische Anziehungskraft zwischen Tonika und Dominante.
Die Harmonisierung in Bsp. 99 wird durch diese zwei Akkorde durchaus zufriedenstellend gewährleistet. (Die Verteilung ist so angelegt, daß sie zwei Hände auf dem Klavier gut greifen können.)
Das Gefühl der Rückkehr zur Schlußkadenz kann sich noch ausdrucksvoller artikulieren, wenn sie mit der entsprechenden Kadenz in der Harmonik gehört wird. Die **harmonische Kadenz** in den letzten beiden Takten von Bsp. 99, wo sich die Musik vom Dominantakkord zum Tonikaakkord hinbewegt, nennt man **perfekte Kadenz**.

Bsp. 99

Die Kadenzen am Ende des ersten und zweiten Abschnitts in Bsp. 99, wo es einen »Halbschluß« von der Tonika zur Dominante gibt, heißt **imperfekte Kadenz**.
Will man das Harmonisieren mit drei statt zwei Akkorden

Bsp. 100

lernen, ist es am einfachsten, den Subdominantakkord hinzuzunehmen, da dieser der nächstwichtigste ist. In Bsp. 100 sorgt er für eine willkommene Abwechslung gegenüber dem Hin und Her zwischen Tonika und Dominante in Bsp. 99. Die Harmonie in den Takten 10 und 12 (Bsp. 100), wo der Subdominantakkord zum Tonikaakkord wechselt, bezeichnet man als **plagale Kadenz**.

Zusätzlich zu der perfekten, imperfekten und plagalen Kadenz gibt es in der Harmonik noch eine vierte, die sogenannte **unterbrochene Kadenz (Trugschluß)**. Sie wird in der Musik stets wie ein Komma verwendet, nie als Punkt. Sie beginnt wie eine perfekte Kadenz mit dem Dominantakkord, »überlegt« es sich dann aber anscheinend anders und wechselt zu einem unerwarteten Akkord, sehr oft zum Untermediantakkord, wie in Bsp. 101.

Bsp. 101

Kapitel 22: Umkehrungen

Bei der Harmonisierung der C-Dur-Melodie in Bsp. 102 bilden sechs der sieben Noten der Tonleiter die Grundtöne. Der fehlende Tonschritt ist der Leitton; er wird oft als Grundton vermieden, weil seine verminderte Quinte ziemlich unbehaglich klingt. Das bedeutet jedoch keineswegs, daß der zur siebenten Note der Tonleiter gehörende Dreiklang nicht verwendet werden könnte. Man gebraucht ihn recht häufig mit dem dazugehörigen Leitton in einer anderen Stellung.

Bsp. 102

Dreiklänge ebenso wie Intervalle kann man umkehren. In Bsp. 94a auf Seite 89, wo die Note, zu der der Akkord gehört, die tiefste ist, befinden sich die Dreiklänge in der **Grundstellung**. Wenn man jeden Dreiklang in Bsp. 94a von unten nach oben kehrt, indem man die tiefste Note eine Oktave höher setzt, erhält man die Reihe der *ersten* **Umkehrung**:

Bsp. 94b

Die römischen Zahlen in Bsp. 94b verweisen auf den *Grundton* des Akkords, der nun aus der tiefsten Lage verbannt wurde; die Ziffern $^6_3$ stehen für die Intervalle von Terz und Sexte über der *tiefsten Note* des Akkords.
Hört man sie nacheinander, klingen diese ersten Umkehrungen in Bsp. 94b für die Harmonisierung weitaus befriedigender als die gebündelten Grundstellungen in Bsp. 94a. Die parallelen Quarten in den Oberstimmen verstärken die Noten der Tonleiter nicht so offenkundig wie die Quintparallelen. In der Harmonik wie auch in der Kontrapunktik müssen die Stimmen unabhängig voneinander klingen. Deshalb werden Quartparallelen nur in den Oberstimmen

verwendet, Oktav- und Quintparallelen dagegen überhaupt nicht:

Bsp. 103

Werden erste Umkehrungen als viertönige Akkorde verwendet, muß man bei der Auswahl der verdoppelten Noten achtgeben, um »verbotene Parallelen« zu vermeiden, besonders wenn mehrere Akkorde nacheinander in Parallelbewegung sind. Bei einer Verdoppelung der tiefsten Note oder der Terz bzw. der Sexte bei jedem Akkord von Bsp. 94b würde sich eine Reihe paralleler Oktaven und Quinten ergeben. Deshalb verdoppeln die Komponisten die Noten der ersten Umkehrung abwechselnd (siehe Bsp. 103).
In Bsp. 103 ist VII $^6_3$ ein dissonanter Akkord, den man nur bei einem schrittweisen Übergang von einer Konsonanz zur nächsten einsetzen kann. (Die Quintparallelen zwischen den beiden Oberstimmen sind nicht »verboten«; da nur eine von den beiden eine reine Quinte ist, können sie als *gerade Bewegung* verwendet werden.)
Viele der Gewohnheiten oder »Regeln« der Kontrapunktik gelten ebenso für die Harmonik. Beispielsweise muß das Quartintervall über dem Grundton als Dissonanz betrachtet werden. Einen Akkord kann man mit der Quarte und der Sexte über seinem tiefsten Ton notieren:

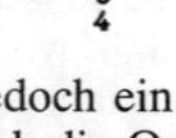

In der Harmonik kann jedoch ein $^6_4$-Akkord nicht für sich allein stehen, weil er durch die Quarte vom Grundton aus unbefriedigend klingt, und er muß woandershin zur Auflösung streben. Gelingt ihm dies, ergibt das harmonisch einen Sinn, wie Bsp. 104 zeigt:

Bsp. 104

Den $^{6}_{4}$-Akkord bezeichnet man oft als **zweite Umkehrung**. Dies kann irreführend sein, weil dieser Klang in der Terminologie der »strengen« Harmonik unvollständig ist und keinen Dreiklang darstellt, solange er nicht vollständig ist. Den Akkordgrundton in Bsp. 104 bildet nicht die Tonika, sondern die Dominante; die langsam absteigenden Viertel sind vom Kontrapunkt übernommene **betonte Durchgangstöne**. Diese $^{6}_{4}-^{5}_{3}$-Fortschreitung wird in Kadenzen so oft verwendet, daß man sie als **kadenzierenden** $^{6}_{4}$ bezeichnet.

Im letzten Takt von Bsp. 104 und auch am Schluß von Bsp. 103 steht der I^{5}_{3}-Akkord ohne sein Quintintervall. Dies kommt in der Harmonik häufig vor, besonders in einer Schlußkadenz, bei der die Musik auf der Tonika zur Ruhe kommt. Im 16. und 17. Jahrhundert konnte – falls erforderlich – entweder die Terz oder die Quinte in einem $^{5}_{3}$-Akkord ausgelassen werden; dafür fehlt im 18. Jahrhundert, jener Epoche, von der ein Anfänger das meiste über die Harmonik lernen kann, die Terz nie.

Teil VI

Verwandtschaft von Tonarten

Kapitel 23: Transposition

Im 18. Jahrhundert schrieben die Komponisten bei vierstimmigen Sätzen die einzelnen Stimmen normalerweise für **Sopran, Alt, Tenor** und **Baß**, wobei sie für jede Stimme ein eigenes Liniensystem verwendeten, d. h., sie notierten jede wie in einer **Partitur**, wobei sie für Alt und Tenor den C-Schlüssel benutzten. (Heute nehmen wir den Violinschlüssel noch für den Alt und den Violinschlüssel *eine Oktave höher, als er klingt,* für den Tenor.)
Wir haben jetzt meistens auch nur zwei Liniensysteme für die vier Stimmen, wobei die Altstimme mit im Violinschlüssel und der Tenor mit im Baßschlüssel notiert wird. Das spart Platz, macht aber auch eine ganze Reihe von Hilfslinien erforderlich, wenn besonders hohe oder tiefe Noten vorkommen.
Der Stimmumfang des **Soprans** (der höchsten Stimmlage) liegt ungefähr bei:

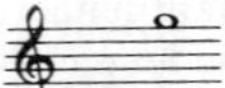

Der Stimmumfang beim **Alt** ist:

(Dies ist der höchste Bereich für eine Männerstimme. Einen männlichen Alt bezeichnet man als **Countertenor**, einen weiblichen korrekterweise als **Altistin**.)

Der Stimmumfang des **Tenors** im vierstimmigen Satz liegt bei:

(Die Bezeichnung »Tenor« ist ein Überbleibsel aus der Kontrapunktik des Mittelalters, bei der diese Stimme die Noten der Melodie »gehalten« hat.)
Der Stimmumfang beim **Baß** ist:

(Einen hohen Baß, der über das eingestrichene d kommt, aber das F nicht erreicht, nennt man **Bariton**.)
Bei vielen Musikstücken wäre der Stimmumfang entweder zu hoch oder zu tief, wenn C die Tonika sein müßte. So liegt etwa Bsp. 101 besonders für Tenöre unangenehm hoch. Glücklicherweise gibt es eine einfachere Möglichkeit, um es in eine bequemere Tonlage zu bringen; denn das Schema der C–C-Skala kann beliebig nach oben oder unten versetzt werden. Dabei muß man jeweils nur die Lage der Halbtöne angleichen, die immer zwischen der Mediante und der Subdominante sowie zwischen dem Leitton und der Tonika liegen müssen. Dies geschieht durch das Hinzufügen von Erhöhungs- und Erniedrigungszeichen.
Dieses Verfahren, ein Musikstück in eine höhere oder tiefere Lage zu versetzen, nennt man **Transposition**. Komponisten polyphoner Musik hatten bereits im 16. Jahrhundert entdeckt, daß man der mixolydischen Skala von G nach G die gleiche Form geben kann wie der C-Tonleiter, indem man ihre siebente Note, F, erhöht. Dasselbe ließ sich mit der lydischen Skala von F nach F machen, indem man die vierte Note, H, erniedrigte. Dabei war es nicht erforderlich, vor jedes F ein ♯ oder vor jedes H ein ♭ zu setzen; man notierte lediglich Fis oder B am Anfang des Musikstücks. Dieses

zeitsparende Hilfsmittel bezeichnet man als **Tonartvorzeichen**: Man schreibt es unmittelbar nach dem Schlüssel am Beginn jeder neuen Zeile. (Die Taktvorzeichnung folgt nach dem Tonartvorzeichen; sie wird nur einmal, in der ersten Zeile, angegeben.)

 ist das Tonartvorzeichen für *G-Dur*. Es gibt an, daß während des ganzen Musikstücks jedes F, egal in welcher Oktave, erhöht wird.

 ist das Tonartvorzeichen für *F-Dur*. Es gibt an, daß jedes H in allen Oktaven erniedrigt wird.

Ein Musikstück, das auf der Tonleiter von G-Dur aufbaut, steht in der **Tonart** G, und eines, das auf der Tonleiter von F-Dur aufbaut, in der Tonart F.
Die Dreiklänge in Bsp. 94a lassen sich nach G oder F transponieren und können dazu verwendet werden, Melodien in G oder F zu harmonisieren. Mit Kadenzen in G und F macht man sich bald vertraut, wenn Bsp. 99, 100 und 102 für G eine Quarte und für F eine Quinte nach unten transponiert werden. Man denke an das notierte C in diesen Beispielen als Symbol für I, das notierte G als Symbol für V und das

Bsp. 105

notierte F als Symbol für IV. Zu Anfang spiele man nur den Baß in der transponierten Tonlage. Dabei stelle man sich die Akkorde vor, die zu dem Baß gehören, und versuche, die richtigen Noten zu finden, denke aber an das Fis bei G-Dur und das B bei F-Dur. Dann kann man den Harmonien in Bsp. 105 und 106 in den Tonarten folgen, in denen sie geschrieben sind.)

Bsp. 106

Kapitel 24: Parallele Moll-Tonarten

Musikstücke stehen nicht immer in einer Dur-Tonart. Sehr viele basieren auf einer abgewandelten Form des äolischen Modus, der sogenannten *Moll-Tonleiter*. Diese hat zwei Formen, die *melodische* und die *harmonische*.
Die **melodische Moll-Tonleiter** fängt wie der äolische Modus an, jedoch sind die sechste und siebente Note erhöht, wenn sie aufsteigt (siehe die erste Hälfte von Bsp. 107). Nach unten entspricht die Tonleiter genau dem äolischen Modus.

Bsp. 107

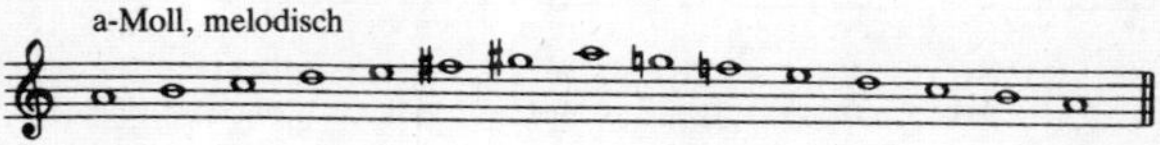

Die **harmonische Moll-Tonleiter** entspricht dem äolischen Modus – mit Ausnahme der siebenten Note, die nach oben und nach unten erhöht wird.

Bsp. 107a

a-Moll, harmonisch

Der ungewöhnlich große Schritt zwischen der sechsten und der siebenten Note der harmonischen Moll-Tonleiter ist eine **übermäßige Sekunde**, die eineinhalb Töne umfaßt. Die Bsp. 107b–d zeigen die Dreiklänge auf den Tonstufen von a-Moll (harmonisch und melodisch):

Bsp. 107b

Harmonische Moll-Dreiklänge

I	II	III	IV	V	VI	VII
Moll	vermindert	übermäßig	Moll	Dur	Dur	vermindert

Bsp. 107c

Melodische Moll-Dreiklänge, aufsteigend

I	II	III	IV	V	VI	VII
Moll	Moll	übermäßig	Dur	Dur	vermindert	vermindert

Bsp. 107d

Melodische Moll-Dreiklänge, absteigend

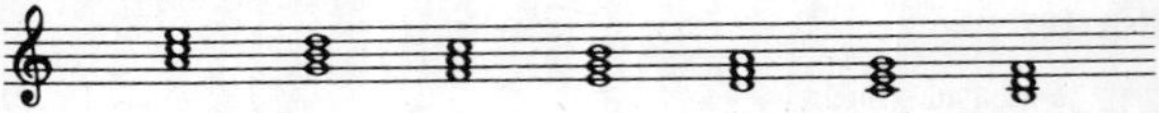

I	VII	VI	V	IV	III	II
Moll	Dur	Dur	Moll	Moll	Dur	vermindert

Den Dreiklang III bei der harmonischen Moll- und der aufsteigenden melodischen Moll-Tonleiter bezeichnet man als **übermäßigen Dreiklang**, weil das Intervall zwischen der Mediante und dem Leitton eine **übermäßige Quinte** ist. Bei übermäßigen Dreiklängen handelt es sich ebenso wie bei verminderten um Dissonanzen. Sie werden öfter in ihrer $^{6}_{3}$-Stellung als in ihrer Grundstellung verwendet. In schrittweiser Bewegung gleiten sie immer sanft von einer Konsonanz zur nächsten. (»Immer« bezieht sich hierbei auf die Harmonik des 18. Jahrhunderts.)

Melodien in der Moll-Tonart können mit jedem der Dreiklänge aus Bsp. 107b–d harmonisiert werden. Der perfekten Kadenz am Schluß geht stets der erhöhte Leitton voraus, wie Bsp. 108 zeigt.

Bsp. 108

a-Moll

Deutsch, 16. Jahrhundert

(In Bsp. 108 und in allen folgenden Beispielen wird auf die Angabe $^{5}_{3}$ verzichtet, da bei **bezifferten Harmonien** immer ganz selbstverständlich von der Grundstellung ausgegangen wird, solange der Akkord keine weitere Bezifferung hat. Die römischen Ziffern werden nur als zusätzliche Orientierungshilfe verwendet, wenn man anfängt, sich mit der Harmonik vertraut zu machen.)

Die Erhöhungszeichen, die in Bsp. 108 unter den Akkorden stehen, weisen darauf hin, daß die Terz im $^{5}_{3}$-Akkord erhöht werden muß.

Die große Terz im Tonikaakkord am Schluß der Moll-Melodie in Bsp. 108 ist für beinahe die gesamte Musik, die zwischen 1500 und 1750 geschrieben wurde, charakteristisch. Im Mittelalter endete der Kontrapunkt auf einer Kombination der Quint- und Oktavintervalle – heute bezeichnen wir diese als »leere« Quinte, da sie für unsere Ohren ziemlich nackt und bloß klingt. Im frühen 16. Jahrhundert, als die Komponisten in ihren Kadenzen erstmals die Terz verwendeten, zogen sie es vor, ihre Modi lieber mit einer großen Terz zu beenden als mit der kleinen, die eigentlich zum Modus gehörte. (Möglicherweise haben sie – als sie dem Ton einer Kadenz mit einer leeren Quinte lauschten, der in einer ihrer riesigen Kathedralen mit langem Nachhall verklang – ein leichtes Mitschwingen der großen Terz in der Obertonreihe herausgehört, die sich wie eine Geisterstimme aus dem Jenseits beimischte. Mit Sicherheit kann man sagen, daß sie an dem Klang dieser schönen Kadenz Gefallen fanden, die – aus welchen Gründen auch immer – oft mit der unpassenden Bezeichnung »Tierce de Picardie«[1] belegt wird.)

Jede Moll-Tonart steht in Verbindung mit einer Dur-Tonart. C-Dur und a-Moll haben dasselbe Tonartvorzeichen, deshalb bezeichnet man a-Moll als die **parallele Moll-Tonart** von C-Dur.

Zu jeder Dur – kommt eine parallele Moll-Tonart mit dem gleichen Vorzeichen. Die Tonika der Moll-Skala ist die Untermediante ihrer parallelen Dur-Tonart.

Die Paralleltonart von G-Dur ist e-Moll; sie hat Fis als Tonartvorzeichen, und ihre sechste und siebente Note sind gegebenenfalls zu Cis und Dis erhöht.

Die Paralleltonart von F-Dur ist d-Moll; sie hat B als Tonartvorzeichen, und ihre sechste und siebente Note sind gegebenenfalls zu B und Cis erhöht. (Die Ausdrücke »erhöht« und »erniedrigt« bedeuten »um einen Halbton nach oben versetzt« bzw. »um einen Halbton nach unten versetzt«; somit

1 Der Name »Picardische Terz« geht auf Rousseau (1768) zurück, der wohl auf einen Brauch in der Picardie Bezug nimmt.

ist es durchaus möglich, daß eine Note durch ein Auflösungszeichen erhöht wird.)

Die zusätzlichen Symbole für Halbtöne der sechsten und siebenten Note dieser Tonleitern nennt man **Versetzungszeichen**. Ein Versetzungszeichen ist jedes Erhöhungs-, Erniedrigungs- oder Auflösungszeichen, das nicht im Tonartvorzeichen angegeben ist. Ein Versetzungszeichen vor einer Note *gilt in dieser Oktave für diese Note während des gesamten Taktes*. In dem nachfolgenden Takt findet man für gewöhnlich als »Warnsignal« Auflösungszeichen, die die vorangegangenen Versetzungen wieder rückgängig machen. Diese »Warnsignale« werden nur verwendet, wenn es für den Sänger oder Instrumentalisten Mißverständnisse geben könnte; manchmal sind sie eingeklammert, wie etwa in der harmonischen Moll-Skala in Bsp. 107a.

Kapitel 25: Der Quintenzirkel

Jede Note kann als Tonika bzw. **Grundton** einer Tonleiter genommen werden. Die Tonartvorzeichen der verschiedenen Dur-Tonarten sind leicht zu lernen, wenn man die richtige Reihenfolge wählt.

Das System der **Kreuztonarten** steigt in Quinten *aufwärts*. Dabei wird die Dominante der einen Tonart zur Tonika der nächsten. Das neu hinzugekommene Kreuz ist immer die siebente Note der Skala.

C hat keine Kreuze (die Dominante von C ist G);
G hat 1 ♯: Fis (die Dominante von G ist D);
D hat 2 ♯: Fis, Cis (die Dominante von D ist A);
A hat 3 ♯: Fis, Cis, Gis (die Dominante von A ist E);
E hat 4 ♯: Fis, Cis, Gis, Dis (die Dominante von E ist H);
H hat 5 ♯: Fis, Cis, Gis, Dis, Ais (die Dominante von H ist Fis);

Fis hat 6 ♯: Fis, Cis, Gis, Dis, Ais, Eis/F (die Dominante von Fis ist Cis);
Cis hat 7 ♯: Fis, Cis, Gis, Dis, Ais, Eis/F, His/C.

Das System der **♭-Tonarten** geht in Quinten *abwärts*. Dabei wird die Tonika der einen Tonart die Dominante der nächsten. Das neu hinzugekommene ♭ fällt immer auf die vierte Note der Skala.

C hat kein ♭ (C ist die Dominante von F);
F hat 1 ♭: B (F ist die Dominante von B);
B hat 2 ♭: B, Es (B ist die Dominante von Es);
Es hat 3 ♭: B, Es, As (Es ist die Dominante von As);

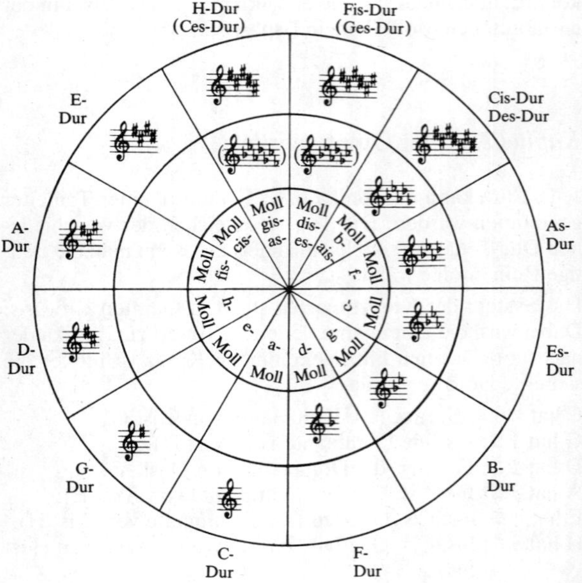

As hat 4 ♭: B, Es, As, Des (As ist die Dominante von Des); Des hat 5 ♭: B, Es, As, Des, Ges.

Mit Hilfe der Tonartvorzeichen kann das Skalenschema in Bsp. 94 in alle ♯- und ♭-Tonarten transponiert werden. Probiert man dies auf dem Klavier aus, dann hat der Grundton von Cis genau die gleiche Lage wie der Grundton von Des. Das liegt daran, daß die zwölf Halbtöne, die die Oktave auf dem Klavier in sieben weiße und fünf schwarze Tasten unterteilen, verschiedene Bezeichnungen haben, je nachdem ob sie in einer ♯-Tonart oder in einer ♭-Tonart verwendet werden. So ist beispielsweise die schwarze Taste, die einen Halbton unter dem A liegt, Gis in der Tonart A-Dur und As in der Tonart Es-Dur. Und die weiße Taste F wird zu Eis in der Tonart Fis-Dur. (Es besteht kein Unterschied zwischen versetzten Noten auf den schwarzen und den weißen Tasten. Die Anordnung von schwarzen und weißen Tasten auf dem Klavier soll lediglich dem Einsatz von Fingern und Daumen des Pianisten entgegenkommen.)
Ändert eine Note ihren Namen, ohne daß sie die Tonlage wechselt, wie etwa Gis zu As, so spricht man von einer **enharmonischen Verwechslung.**

Der **Quintenzirkel** auf der nebenstehenden Seite zeigt alle Tonartvorzeichen mit der korrekten Lage für jedes ♯ bzw. ♭ auf dem Liniensystem. Es gibt auch jede parallele Moll-Tonart an, die mit ihrer parallelen Dur-Tonart das Tonartvorzeichen gemein hat.

Die Tonarten Ges-Dur und Ces-Dur stehen in Klammern, da sie sehr selten vorkommen; es-Moll wird häufiger verwendet als dis-Moll, weil Moll-Tonarten mit vielen Kreuzen **Doppelkreuze** erforderlich machen. So liegt beispielsweise der Leitton von gis-Moll einen Halbton höher als Fis; er heißt »Fisis«, geschrieben: F𝄪.

Bei **Doppel-♭** schreibt man: ♭♭.

Tonartvorzeichen sind ein wichtiger Teil der Grammatik der Musik, und wie bei der Grammatik jeder anderen Sprache darf man sie nicht nur auf dem Papier beherrschen, sondern muß für ihren Klang das richtige Gefühl entwickeln. Wenn man die Tonleitern in Bsp. 94, 107 und 107a, die Kadenzen in Bsp. 99, 100, 101 und 104 sowie die Akkorde in Bsp. 102, 103, 105 und 106 in jeder ♯- und ♭-Tonart genau unter die Lupe nimmt, fällt es leichter, Musikstücke in allen Tonarten zu lesen. Man versteht dann auch besser, was geschieht, wenn eine Melodie ihre eigene Tonart verläßt und in eine andere wechselt.

Kapitel 26: Modulation

Der Wechsel von einer Tonart in eine andere heißt **Modulation** (nach dem lateinischen Wort für »abwandeln«).
Ausweichungen findet man oft in Kirchengesängen: Für einen Augenblick klingt die Musik so, als ob sie in eine andere Tonart wechseln würde, besinnt sich aber sofort anders und kehrt wieder zurück.
Ausweichungen erfolgen meistens in **benachbarte Tonarten**, d. h. in Tonarten, die im Quintenzirkel (siehe Seite 106) nebeneinanderliegen.
Bsp. 109 zeigt eine solche vorübergehende Modulation zur Dominante:

Bsp. 109

Im dritten Takt von Bsp. 109 öffnet die $^6_4$-Kadenz das Tor zu der neuen Tonart, indem der Leitton von D in eine perfekte

Kadenz überführt wird. Das Ohr nimmt jedoch wahr, daß die Melodie nicht vorhat, ganz in diese Tonart überzuwechseln und dort zu bleiben; denn der Schritt klingt zu beiläufig an, um mehr zu sein als eine vorübergehende Abweichung. Hört man diesen halben Akkord von D in bezug zum ganzen Satz, dann *wirkt er immer noch wie eine Dominante.* Nach dem Komma kehrt die Musik ohne weiteres zum Tonikaakkord von G zurück, und im folgenden Takt entledigt sich der Subdominantakkord von C des vorübergehenden Cis, das nicht mehr benötigt wird.
Der Choral in Bsp. 110 zeigt eine Ausweichung zur Subdominante:

Bsp. 110

Im zweiten Takt von Bsp. 110 entledigt sich der Es-Akkord des Leittons von F-Dur. Dieser Vorgang nimmt dem folgenden F-Akkord seine Bedeutung als Tonika und macht ihn vorübergehend zur Dominante von B. Im nächsten Takt löst jedoch der C-Akkord das Es wieder zum E auf und läßt beim Hören keinen Zweifel mehr daran, daß die Melodie fest in der Tonart F verankert ist.
Für ein Musikstück in Dur ist es keineswegs schwierig, zu dem Akkord seiner Paralleltonart zu gelangen, ganz gleich, ob mit oder ohne Hilfe eines Trugschlusses (siehe Bsp. 101, S. 94). Aber dieser vorübergehende Abstecher ist noch keine Modulation. *Bei einer Modulation in eine andere Tonart muß eindeutig der Dominantakkord der neuen Tonart vorgestellt werden.*

Bsp. 111 zeigt eine Ausweichung in die parallele Moll-Tonart:

Bsp. 111

In diesem Beispiel ist $^6_3$ am Schluß des ersten Taktes der Dominantakkord der neuen Tonart. Er behält so lange Gültigkeit, bis das Gis durch die $^6_4$-Kadenz wieder vertrieben wird, die die Harmonik wieder nach C zurückführt.
Die Kraft eines Dominantakkords erscheint um so zwingender, wenn es sich um einen **Dominantseptakkord** handelt. Der Dominantseptakkord tauchte erstmals als Durchgangston in der Kontrapunktik der Renaissance auf:

Bsp. 112

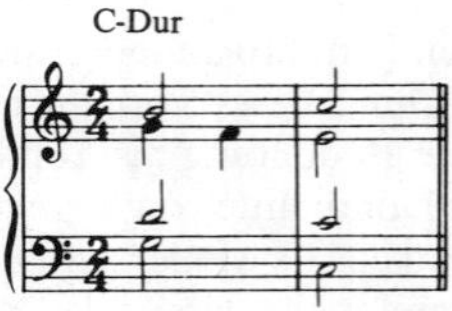

Diese sanfte, ausdrucksvolle Art, die Noten der perfekten Kadenz miteinander zu verbinden, wurde so geläufig, daß man ihre vier Noten – *Dominante, Leitton, Subdominantparallele* und *Subdominante* – als Akkord auffaßte. Man nannte ihn »Dominantseptakkord«, weil er von der Dominante bis zur Subdominante das Intervall einer Septime umfaßt.

Die Grundstellung eines Dominantseptakkords notiert man mit den Ziffern $\begin{smallmatrix}7\\5\\3\end{smallmatrix}$. Seine erste Umkehrung ist $\begin{smallmatrix}6\\5\\3\end{smallmatrix}$, die zweite $\begin{smallmatrix}6\\4\\3\end{smallmatrix}$ und die dritte $\begin{smallmatrix}6\\4\\2\end{smallmatrix}$.

Das Kirchenlied in Bsp. 113 enthält den Dominantseptakkord von C-Dur in seiner Grundstellung sowie der ersten, zweiten und dritten Umkehrung:

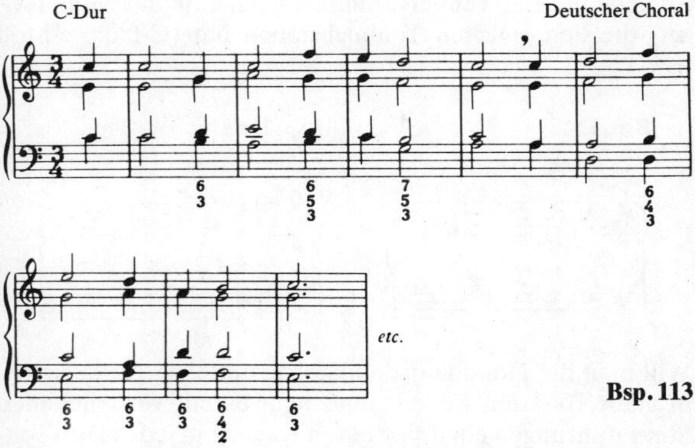

Bsp. 113

Da der Dominantseptakkord eine Dissonanz ist, muß er vorsichtig schrittweise aufgelöst werden. (Siehe die Auflösungen in Bsp. 113.)

Die Dissonanz eines Dominantseptakkords rührt zum Teil von dem kleinen Septakkord zwischen der Dominante und der Subdominante her, jedoch entsteht sie eher durch den Tritonus zwischen dem Leitton und der Subdominante.

Bei einem $\begin{smallmatrix}6\\5\\3\end{smallmatrix}$-Akkord ist der Tritonus im Baß eine verminderte Quinte, die danach strebt, sich schrittweise *nach innen* aufzulösen.

Bei einem $\begin{smallmatrix}6\\4\\2\end{smallmatrix}$-Akkord ist der Tritonus im Baß eine übermäßige Quarte, die danach strebt, sich schrittweise *nach außen* aufzulösen.

Bei den $\begin{smallmatrix}7\\5\\3\end{smallmatrix}$- und den $\begin{smallmatrix}6\\4\\3\end{smallmatrix}$-Akkorden liegt der Tritonus in den Oberstimmen, so daß die Dissonanz nicht so scharf klingt. Doch unabhängig davon, wie die Lage der Akkorde sein mag, klingen die Auflösungen weicher, wenn die verminderte Quinte nach innen geht und die übermäßige Quarte nach außen.

Dominantseptakkorde tauchen sowohl in einer Dur-Tonart als auch in ihrer **Tonikavariante** auf, d. h. in der Moll-Tonart, die den gleichen Tonbuchstaben hat (C-Dur, c-Moll usw.):

Bsp. 114

C-Dur

Bsp. 114a

c-Moll

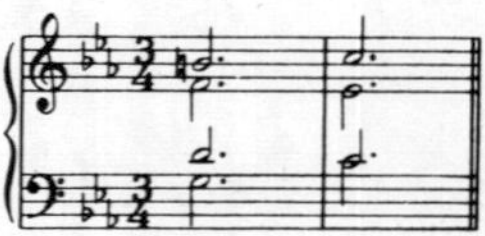

Will man die Dominantseptakkorde und ihre Auflösungen in allen Tonarten finden, muß man es mit verschiedenen Stimmführungen einer perfekten Kadenz in jeder Dur-Tonart und jeder Moll-Variante versuchen. Das braucht einige Zeit, aber es ist letztendlich die Mühe wert, selbst wenn die massiven Akkordbrocken außerhalb des musikalischen Satzes keinerlei Bedeutung haben. Den eigentlichen Sinn eines

Bsp. 115

a-Moll J. S. Bach

Dominantseptakkords kann man, wie alles andere in der Musik, nur erschließen, wenn man ihn im Zusammenhang hört – wie etwa in Bsp. 115, wo er für eine dramatische Einleitung zu einem von Bachs ausdrucksvollsten Chorälen sorgt.

Teil VII

Harmonisierung

Kapitel 27: Dissonanzen in der Harmonik des 18. Jahrhunderts

Um die Harmonik des 18. Jahrhunderts zu studieren, greift man oft auf **Kirchenlieder** oder **Choräle** zurück. Sie sind einerseits kurz genug, um den Lernwilligen nicht zu entmutigen, und weisen andererseits eine klar festgelegte Kadenz am Schluß jeder Zeile auf. Einen Bach-Choral kann man Abschnitt für Abschnitt untersuchen, denn jeder kurze Abschnitt ist eine ereignisreiche Wegstrecke hin zur Kadenz. Dabei bewegen sich die vier Stimmen bei jedem Wort zusammen, wodurch man die Akkorde leichter erkennen kann, als dies bei den eher verstreuten Harmonien in der Instrumentalmusik der Fall ist.
Um dissonante Spannungen einzuführen, werden in der Harmonik die gleichen Kunstgriffe wie in der Kontrapunktik verwendet. In Bsp. 116 ist zu sehen, wie **unbetonte Durchgangstöne** die Akkorde einer einfachen harmonischen Struktur miteinander verbinden können.
Selbst wenn die Akkorde in Bsp. 116 ohne ihre Durchgangstöne in Achtelnoten gespielt werden, ergibt die Musik noch

Bsp. 116

G-Dur J. S. Bach

immer einen Sinn. In der Harmonik muß es, wie in der Kontrapunktik, eine sichere, ausreichende Grundlage geben, um jede mögliche Verzierung stützen zu können. Wenn die **Akkordstruktur** schwach ist, nützen auch Durchgangstöne nichts.
Vorhalte werden in der Harmonik genauso häufig verwendet wie in der Kontrapunktik. Sie sind auch nicht mehr nur auf die betonten Taktteile beschränkt:

Bsp. 117

C-Dur J. S. Bach

Wechselnoten (mit † kenntlich gemacht) und **Antizipationen** (ϰ) sind gleichfalls aus der Kontrapunktik entlehnt, wie etwa in Bsp. 118, wo sie die $^6_4$-Kadenz auszieren:

e-Moll

Bsp. 118

In der Harmonik müssen, wie in der Kontrapunktik, alle Dissonanzen schrittweise aufgelöst werden; deshalb ist es »verboten«, auf eine Dissonanz zu springen oder sich durch einen Sprung von ihr zu lösen. Es gibt jedoch zwei Ausnahmen: Die eine ist die **Cambiata**, die sich nicht an genau dasselbe Schema wie im Kontrapunkt halten muß:

F-Dur J.S.Bach

Bsp. 119

Die andere Ausnahme ist der Achtelsprung von einer Dissonanz wie in Bsp. 120, den man als **abspringenden Nebenton** bezeichnet. Die erste Achtelnote löst sich von ihrem Akkord und geht zu einer Note, die zum nächsten Akkord gehört. (Der Unterschied zwischen einem abspringenden

g-Moll J.S.Bach

Bsp. 120

Nebenton und der Cambiata besteht darin, daß der erstgenannte sich von der Richtung der Stimmführung entfernt, letztere hingegen derselben Richtung folgt, sich freilich zu weit »vorwagt« und wieder zurückkehren muß.)

Betonte Durchgangstöne werden in der Harmonik weitaus häufiger verwendet als in der Kontrapunktik. Der betonte Durchgangston in Bsp. 121 stützt sich auf die erste Umkehrung des Dominantseptakkords, und das verzögerte Erreichen von Cis macht den Akkord noch ausdrucksvoller, als er ohnehin schon ist.

D-Dur J. S. Bach

Bsp. 121

Die Beispiele in diesem Kapitel können jedoch nur ausdrucksintensiv klingen, wenn sie rhythmisch phrasiert werden. Harmonik ohne Rhythmus ist undenkbar. Eine $^6_4$-Kadenz ergibt nur einen Sinn, wenn mit einer Betonung auf $^6_4$ und einer Entspannung auf $^5_3$ phrasiert wird, wie in Bsp. 122, wo Rhythmik und Harmonik in der letzten Zeile des Chorals die Taktstriche ignorieren und dem Rhythmus der Wörter folgen:

Bsp. 122

g-Moll J. S. Bach

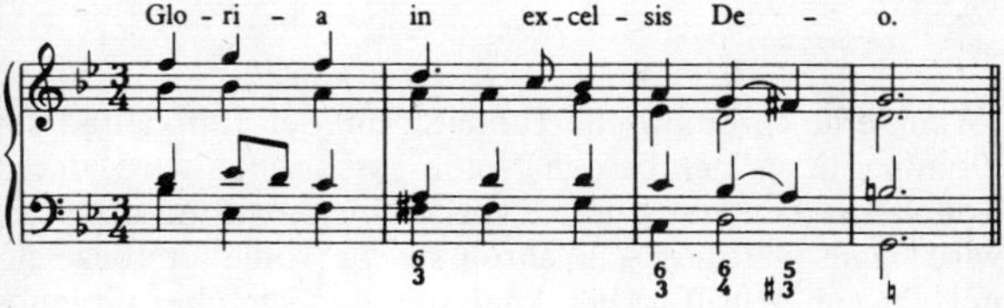

Kapitel 28: Chromatische Harmonik

Beim »Gloria in excelsis« am Schluß des letzten Kapitels bewegt sich der Baß in Halbtonschritten von F über Fis nach G. Musikstücke, die in Halbtönen nach oben oder unten steigen, nennt man **chromatisch** (nach dem griechischen

Wort, das nicht nur »Farbe«, sondern auch »Oberfläche eines Körpers« und »Veränderung« bedeutet).
Den Halbtonschritt von F nach Fis bezeichnet man als **chromatischen Halbton**, weil die Noten niemals nacheinander in einer Dur- oder Moll-Tonleiter auftreten. (Die Noten eines chromatischen Halbtonschritts haben den gleichen Tonbuchstaben).
Der Halbtonschritt von Fis nach G ist ein **diatonischer Halbton**, weil er in der diatonischen Dur- oder Moll-Tonleiter vorkommt. (Die Noten eines diatonischen Halbtonschritts haben immer unterschiedliche Tonbuchstaben.)
Die **chromatische Tonleiter** besteht aus einer Skala von zwölf Noten, die ausschließlich von Halbtonschritten gebildet wird. Sie umfaßt alle zwölf Noten, die in der abendländischen Musik verwendet werden. Einen Klangeindruck kann man bekommen, wenn man auf dem Klavier von einer Oktave zur nächsten aufwärts oder abwärts jede schwarze und weiße Taste anschlägt:

Bsp. 123

(Wenn eine chromatische Tonleiter mit der Tonika und der Dominante als den beiden Noten geschrieben wird, deren Tonbuchstaben nur einmal vorkommen, wie in Bsp. 123, wird sie als »harmonische chromatische Tonleiter« bezeichnet. Dieser Begriff ist bei Analysen nützlich, aber nirgends sonst. In der Praxis setzt der Komponist bei einem Musikstück Erhöhungs- und Erniedrigungszeichen je nach Gestalt und harmonischer Struktur der Phrase ein.)
Erst seit Beginn des 20. Jahrhunderts verwendet man die Töne der chromatischen Tonleiter als musikalisches Rohmaterial. Davor gebrauchte man sie als Farbtupfer, mit denen man die diatonischen Konturen auf dem Weg zu einer Kadenz ausschmückte, wie etwa in Bsp. 124:

Bsp. 124

Den Akkord am Schluß des zweiten Takts von Bsp. 124 bezeichnet man als **verminderten Septakkord** wegen des Intervalls vom Gis zum F, das einen Halbton kleiner ist als eine kleine Septime. (Das melodische Intervall der verminderten Septime entstand, sobald Melodien auf der harmonischen Moll-Tonleiter basierten. Es handelt sich um die Umkehrung der übermäßigen Sekunde zwischen der sechsten und siebenten Note auf der Tonleiter.)
Der verminderte Septakkord kann einer der ausdrucksvollsten Klänge in der Musik sein, auch wenn der Akkord *selbst* völlig unverbindlich ist. Dies liegt an seiner Gestalt. Diese besteht aus zwei ineinandergeschachtelten Tritoni. Hört man den Akkord allein, gelangt man an einen toten Punkt, denn beide Tritoni haben latent die Möglichkeit, expressive Dissonanzen zu bilden, die nach Auflösung streben. Aber keiner der beiden Tritoni vermag sich zu entscheiden, wo er hin will, bis irgendeine andere Note von außerhalb des Akkords ihn in Beziehung zu einer Tonika bringt. In Bsp. 124 ist diese »andere Note« die antizipierende Achtelnote E. Diese Note verwandelt die verminderte Septime in den Dominantseptakkord $\left(\begin{smallmatrix}6\\5\\3\end{smallmatrix}\right)$ von A, der zur Auflösung strebt.

Reißt man den Akkord Gis–H–D–F aus seinem Zusammenhang in Bsp. 124, gibt es viele andere Möglichkeiten, wie man ihn verwenden kann. Erniedrigt man beispielsweise das Gis zu G, wird aus dem Akkord ein völlig anderer

Dominantseptakkord, der förmlich danach »schreit«, nach C aufgelöst zu werden. Oder wenn Gis enharmonisch zu As wechselt und H zu B erniedrigt wird, verändert sich der Akkord zum Dominantseptakkord $\left(\begin{smallmatrix}6\\4\\2\end{smallmatrix}\right)$ von Es. Mit Hilfe des verminderten Septakkords ist es möglich, in jede Tonart des Quintenzirkels zu modulieren, auch wenn sie nur entfernt verwandt ist, wie etwa bei dem flüchtigen Wechsel von C-Dur nach As-Dur in Bsp. 125.

Bsp. 125

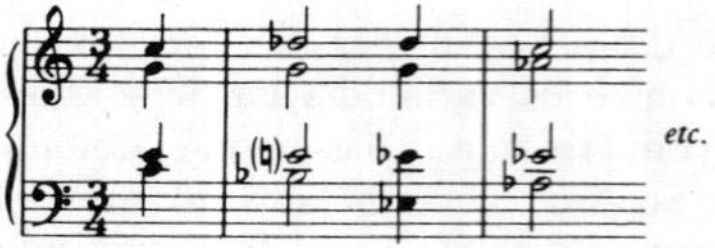

Zu den weiteren chromatischen Akkorden, die bei Modulationen verwendet werden, gehört der **übermäßige Sextakkord**, der mit C als Tonika entweder aus Des–F–H (in den Lehrbüchern als »Dominantseptakkord ohne Grundton mit tiefalterierter Quinte« bezeichnet) oder Des–F–G–H (»Dominantseptakkord mit tiefalterierter Quinte«) oder Des–F–As–H (»Dominantnonakkord«) gebildet wird.
Kenntnisse im Modulieren sind bei der Analyse von Musikstücken hilfreich, man lernt dadurch jedoch nicht das Harmonisieren. Außerdem nützt es wenig, sich an die Regeln der Harmonielehre zu halten und verbotene Parallelen zu vermeiden, wenn man nicht ein Gefühl für die Struktur der Musik entwickelt. Die Harmonik ist nicht bloß eine schrittweise Annäherung an eine Kadenz, sondern auch eine immer intensivere Reise von einer Kadenz zur nächsten. Gerade dieses Gefühl für das Ganze eines Musikstücks versteht man unter dem Begriff »**Form**«.

Teil VIII

Form und Struktur in der Musik des 16. und 17. Jahrhunderts

Kapitel 29: Musikalische Gestalt

Formen lassen sich in der Musik nicht auf die gleiche Weise studieren wie in der Architektur, da ein Musikstück nicht stillsteht. Der Klang ist nur präsent, während die Interpreten singen oder spielen, und sobald die letzte Note verklungen ist, ist alles vorbei. Und dennoch bleibt etwas, mögen auch viele Einzelheiten dem Gedächtnis entschwinden.
Ein Komponist muß die richtigen Noten in die richtige Ordnung bringen, wenn seine Musik sich nicht dem Vergessen preisgeben will. Formlosigkeit ist das Ergebnis von zu viel Material und zu wenig Ordnung, deshalb gehört die *Ökonomie der Mittel* mit zum Wichtigsten in der Musik überhaupt.
Die Anordnung der Noten in einer ökonomisch gestalteten Melodie kann eine befriedigende *Gestalt* ergeben, die dem Hörer schon beim ersten Kennenlernen im Gedächtnis haften bleibt.
Viele der im 6. bis 10. Kapitel zitierten Volkslieder sind durch die Verwendung von **Wiederholungen** besonders eingängig. Bsp. 55 etwa baut auf einer zweitaktigen Phrase auf, die im dritten und vierten Takt leicht variiert wird. Bsp. 34 hat im Mittelteil eine Wiederholung mit einer kontrastierenden Phrase am Anfang und am Schluß. In Bsp. 30 gibt es drei viertaktige Phrasen, die alle unterschiedlich sind, aber die letzten beiden Takte der Melodie sind eine genaue Wiederholung der ersten beiden Takte, was eine besonders befriedigende Verknüpfung von Anfang und Ende darstellt.
Eine solche **Analyse** der Gestalt eines Musikstücks schlägt

zweckmäßige Kompositionsplanung

sich in den Fachbüchern in einer gewissen Etikettierung nieder: Melodien werden als »A^1 A^2 B« oder »A B B C« charakterisiert, ohne daß irgendwelche Hinweise zum Rhythmus oder zur Phrasierung gegeben werden. Musikstücke lassen sich nun freilich nicht wie Kuchen in vorgefertigten Backformen herstellen. Jedes hat seine individuelle Existenz, und die einzige Möglichkeit, seine Gestalt zu untersuchen, besteht darin, sich mitten in seinen Klang zu begeben, so wie sich ein Architekturstudent auch ein Gebäude von innen ansehen muß.

Komponisten planen – ebenso wie Architekten – die Anlage ihres Werkes entsprechend dem Zweck, für den es gedacht ist. Bach setzte Choräle aus, weil er seinen Lebensunterhalt als Kantor verdiente und jeden Sonntag etwas für den Gemeindegesang brauchte.

Jeder Komponist berücksichtigt die praktischen Aufführungsbedingungen, bevor er zu schreiben beginnt. Dies bedeutet, daß jedes Musikstück nicht nur seine eigene Gestalt besitzt, sondern auch seine eigene **Struktur**[1].

Die Musiker haben den Begriff »Struktur« entlehnt, weil sie nur sehr wenige eigene Bezeichnungen haben, um ihre nicht konkret greifbare Kunst in Worte zu fassen. So spricht man auch von den »dunklen Farben« eines Musikstücks, obwohl überhaupt nichts zu sehen ist, oder von »weichen Klängen«, obwohl man nichts fühlen kann.

Unter »Struktur« versteht man die Verflechtung der horizontalen Verläufe in der Kontrapunktik und der Verteilung der vertikalen Akkorde in der Harmonik. **Timbre** bezeichnet die **Tonfarbe** von verschiedenen Instrumenten oder Stimmen. Mit »Farbe« kann auch der musikalische Ausdruck eines Vortrags beschrieben werden.

1 Der englische Begriff lautet hier *texture* (»Geflecht«).

Kapitel 30: Form und Struktur im 16. Jahrhundert

Die Struktur der Musik des 16. Jahrhunderts unterschied sich erheblich von dem, was wir heute in Orchesterkonzerten oder bei Kammermusikabenden hören. Damals gab es keine öffentlichen Konzerte. Die Meisterwerke der Polyphonie – lateinischen Messen und Motetten oder englische Liturgiemusik und Anthems – bildeten einen wesentlichen Bestandteil der Gottesdienste und waren dafür **a cappella** geschrieben, »für den Chor einer Kapelle«. (Der Begriff *a cappella* bezeichnet heute einen »unbegleiteten Gesang«, aber im 16. Jahrhundert konnten daran durchaus noch die Orgel oder andere Instrumente beteiligt sein.)

Weltliche polyphone Musik sang man ohne besondere Anlässe in den eigenen vier Wänden; etwa **Madrigale** (in der Muttersprache) bei Tisch mit Freunden nach einem guten Essen. Die Stimmung dieser Musik reichte von **Elegien** und **Lamenti** bis hin zu fröhlichen **Kanzonetten** (»kleinen Liedern«) oder tanzartigen **Balletten**. (Das »Fa-la-la« in Bsp. 92 stammt aus einem solchen Ballett.) Weltliche Rundtänze, sogenannte **Kanons**, sang man gleichfalls im privaten Kreis.

Als Sologesang war die **Air** mit Begleitung auf der **Laute** verbreitet, einem weichen, ausdrucksvollen Instrument mit einer unterschiedlichen Anzahl von Baßsaiten, auf denen der Sänger die Töne für seine eigene empfindsame **Begleitung** greifen und anzupfen konnte.

Die Tasteninstrumente des 16. Jahrhunderts wurden eher für den Solovortrag als zur Begleitung verwendet. Das **Clavichord** erscheint zu leise, um mit Gesangsstimmen kombiniert zu werden, denn seine Saiten werden von feinen Blechtangenten sanft berührt. Das **Cembalo** ist robuster: Seine Saiten werden mit einem Federkiel angerissen, und die Struktur und Dynamik reicht von einem dünnen Säuseln bis hin zu einem strahlenden, volltönenden Klang. (Ein

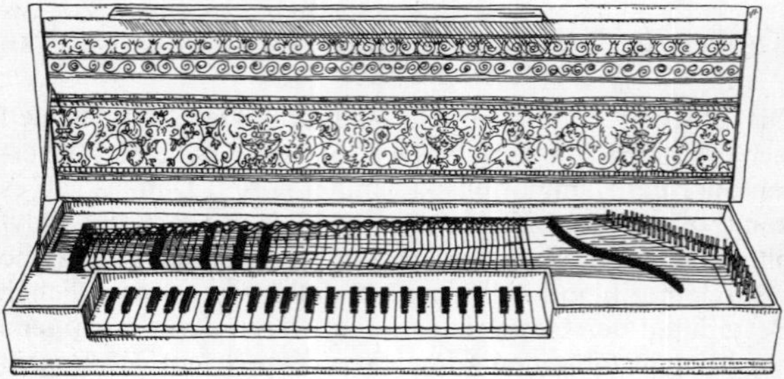

Clavichord

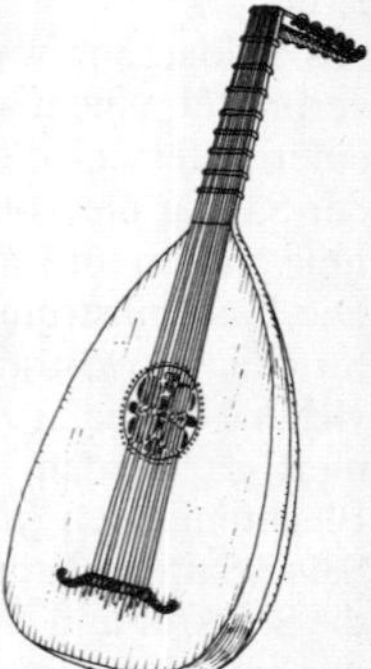

Laute

Einmanualiges Cembalo

kleines Cembalo mit nur einer Tastatur bzw. einem **Manual** heißt **Spinett**. Noch kleiner ist das **Virginal**.)
Der größte Teil der Instrumentalmusik des 16. Jahrhunderts wurde von kleinen Instrumentalistenvereinigungen, sogenannten **Consorts**, gespielt. Ein solches Instrumentalensemble bestand aus gleichartigen Instrumenten wie etwa aus der Familie der Streichinstrumente, den **Violen**. Die Viola hatte sechs Saiten, die wie bei der Laute in reinen Quarten mit einer großen Terz in der Mitte gestimmt waren. Die Besetzung der Violen bestand aus Diskantviolen, Tenorviolen und Gamben. Auch die kleinsten Violen wurden nach unten gehalten, gegen das Knie gestützt; deshalb verwendete man den Zusatz *da gamba*, »am Bein«, um sie von den neu entwickelten Violinen zu unterscheiden, die *da braccio*, »am Arm«, gespielt wurden. (Der Name *Viola da gamba* ist heute nur noch für die Gambe bzw. Kniegeige gebräuchlich, die mit unserem Cello verwandt ist.)
Consort-Musik konnte auch von Blockflötenensembles vorgetragen werden, die Längsflöten verwendeten, welche einen zarteren Ton als unsere modernen Flöten besitzen. Die Familie der **Blockflöten** besteht gemeinhin aus Sopranblockflöte (Tonumfang c″–d‴), Diskantflöte (f′–g‴), Tenorflöte (c′–c‴) und Altflöte (f–f″).
Die **Pommer**, Vorläuferin der heutigen Oboe, hatte einen zu rauhen Klang, um daheim in der Consort-Musik Verwendung zu finden; sie konnte nur im Freien oder in größeren Gebäuden gespielt werden. Auch **Blechblasinstrumente** kamen

Blockflöte (Sopran)

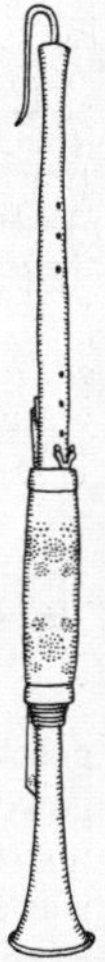

Pommer

vornehmlich unter freiem Himmel zum Einsatz. Trompeten mußten sich an die Naturtöne der Obertonreihe (siehe Kapitel 20, S. 91) halten, wodurch sie hohe, durchdringende Töne von sich gaben. Auf Posaunen konnte man mittels der »Züge« alle Noten der Tonleiter spielen. (Man verwendete für sie immer noch die Bezeichnung aus dem Mittelalter, **Saqueboute**, was soviel wie »ziehen-stoßen« bedeutet.)
Ein gemischtes Instrumentalensemble wurde von Instrumenten verschiedener Familien gebildet. Die Komponisten legten nicht immer genau fest, welche Instrumente ihnen vorschwebten. So notierten sie häufig nur **erste Stimme**, **zweite Stimme** usw., wobei sie es den Ausführenden überließen, welche Instrumente diese verwenden wollten. Manchmal verbanden sie Gesang mit der Instrumentalmusik; viele Madrigale wurden »für Stimmen oder Violen«

Bsp. 126

geschrieben. Dies bedeutete, daß die Form der Musik für gewöhnlich polyphon war. Bsp. 126 zeigt den Anfang einer instrumentalen **Canzon da sonar** (»Lied zum Klingen«), das wie ein Madrigal ohne Worte erscheint, wobei jedoch die Klangfarbe der Blechbläser einen völlig anderen Eindruck vermittelt als ein Gesangsvortrag.

Violen-Consorts spielten oft ein **Ricercar** – der Name bedeutet »aussuchen« bzw. »wiedersuchen« –, ein Stück mit polyphonen Einsätzen in enger Imitation. Ein Ricercar könnte auf einer Melodie wie »Bonny Sweet Robin« in Bsp. 127 aufbauen:

Bsp. 127

Volkstümlich

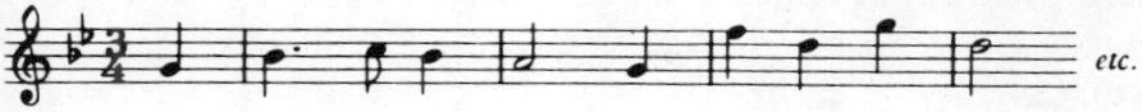

Diese Melodie muß man in Bsp. 127a erst einmal suchen:

Bsp. 127a

Ricercar Thomas Simpson

Die **Fantasia** bzw. **Fantasie** wurde freier gehandhabt als das Ricercar, denn bei ihr war es nicht erforderlich, daß so viele Stimmen mit der gleichen Melodie einsetzten. Fantasien enthielten dennoch eine Vielzahl von kontrapunktischen Wendungen wie die Imitation im Kanon. Diese Art der Imitation bezeichnet man als *fugiert*, nach dem lateinischen Ausdruck *fuga* (»Flucht«). Der kurze Auszug Bsp. 128 zeigt, wie dabei ein Instrument hinter dem anderen herjagt.

Bsp. 128

Kapitel 31: Tanzformen im 16. und 17. Jahrhundert

Die beliebtesten Instrumentalstücke im 16. und 17. Jahrhundert waren **Tanzformen**, die als Begleitmusik zum Tanzen gespielt wurden. Die Schritte und Figuren eines Tanzes beeinflussen einen Melodieverlauf genauso stark wie der Text eines Liedes, und die Grundmuster dieser frühen Tänze lassen sich oft an Hand des Aufsteigens und Fallens der musikalischen Phrasen erkennen.

An die würdevolle **Pavane** mit ihrem langsamen Zweiertakt schloß sich für gewöhnlich die **Galliarde** an, ein eher lustiger Tanz in recht flottem Dreiertakt. Die Melodie der Galliarde war häufig eine Variante der Pavane, wie in Bsp. 129 und 129a zu sehen ist:

Bsp. 129

Pavane
Langsam

Französisch, 16. Jahrhundert

Bsp. 129a

Galliarde
Ziemlich schnell

Die **Allemande** war ein mäßig langsamer Tanz im Zweiertakt:

Allemande
Ziemlich langsam

Bull

Bsp. 130

Bei der **Courante** gab es schnelle Lauffiguren in Tanz und Musik:

Bsp. 131

Courante
Schnell

Anonym, 16. Jahrhundert

Die **Gigue** hatte einen energisch springenden Rhythmus im $^6/_8$- oder $^{12}/_8$-Takt:

Bsp. 132

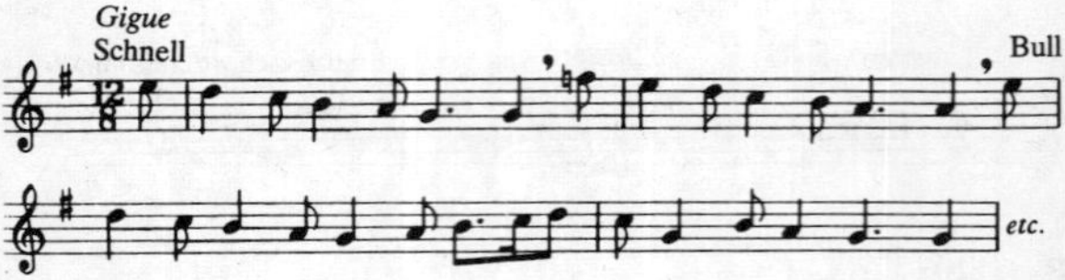

Die **Hornpipe** des 17. Jahrhunderts war ein Tanz im Dreiertakt mit einer Reihe von Synkopen:

Bsp. 133

Bei der eleganten **Sarabande** war der zweite Schritt des Tänzers oft länger als der erste:

Bsp. 134

Bei der **Bourrée** im schnellen Zweiertakt gab es beschwingte Läufe, die im Auftakt begannen:

Bsp. 135

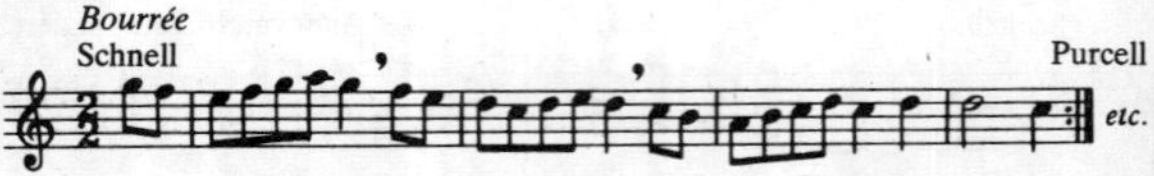

Das **Menuett** ist der bekannteste Tanz des 17. Jahrhunderts. Es handelte sich ursprünglich um einen französischen

Volkstanz, der am Hof Ludwigs XIV. Eingang fand und gegen Ende des Jahrhunderts in ganz Europa getanzt wurde. Das Menuett in Bsp. 136 wird als **Rondeau** bezeichnet, weil die Melodie immer wieder zum ersten Teil zurückkehrt, der als **Refrain** wiederholt wird:

Bsp. 136

Kapitel 32: Variationen im 17. Jahrhundert

Beabsichtigten die Komponisten des 17. Jahrhunderts, die Form ihrer Instrumentalstücke auszuweiten, griffen sie oft auf ein Tanzstück als Vorlage für ihre Musik zurück. Die ausgeweitete **Chaconne** und ihr naher Verwandter, die **Pas-**

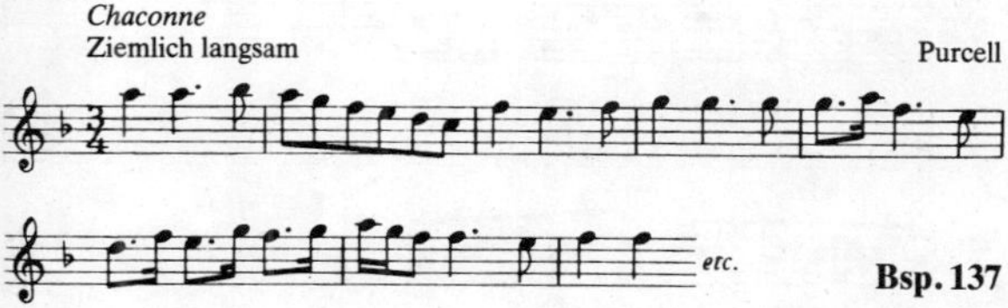

Bsp. 137

sacaglia, erinnern an die ausgewogene Grazie der Sarabande. Die Melodie in Bsp. 137 hat das charakteristische punktierte Viertel auf der zweiten Zählzeit des Takts.
Die Baßstimme zu Bsp. 137, der sogenannte **Basso ostinato**, wird während des gesamten Stücks ständig wiederholt (siehe Bsp. 137a):

Bsp. 137a

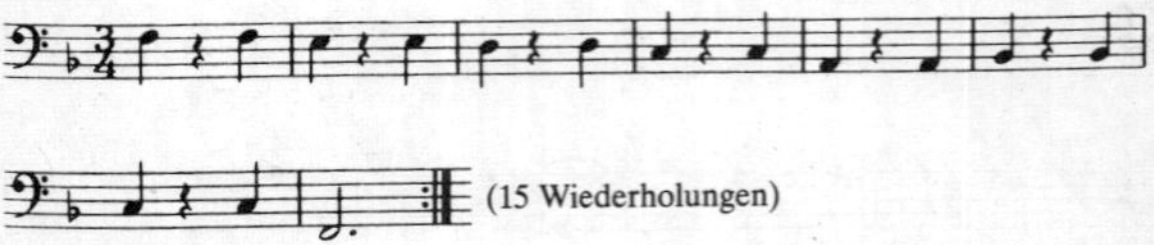

Im 17. Jahrhundert spielten die Instrumentalisten oft **»Divisionen«** einer ostinaten Baßlinie, indem sie die langen Noten aus dem Baß in kürzere Noten »unterteilten«. Bsp. 138 zeigt vier von vielen verschiedenen Möglichkeiten, wie man die Noten C und D hätte auflösen können.

Bsp. 138

Von Christopher Simpson
(»The Division Viol.«)

Diese Art von Auszierung bezeichnet man als **Figuration**. Die kurzen Notengruppen heißen **Figuren**. (Das Wort wird im Sinne von »etwas ausschmücken« verwendet.)
Die Figuration half den Komponisten dabei, das Stimmengeflecht (engl.: *texture*) ihrer Instrumentalwerke zu verändern, besonders dann, wenn sie **Variationen über ein Thema** schrieben. (Unter **Thema** versteht man dabei eine Melodie, die im Verlauf des Musikstücks noch erweitert und entwickelt wird.)
Bsp. 139 a–c zeigen, wie Sweelinck und sein Schüler Scheidt Variationen über eine bekannte Pavane schrieben, die Sweelinck harmonisiert hatte (Bsp. 139).

Bsp. 139

In Bsp. 139a leitet Scheidt Divisionen aus dem Thema ab:

Bsp. 139a

(Die schnellen Figuren in Bsp. 139a kann man sich als Durchgangstöne, Wechselnoten und Cambiatas vorstellen, die das Thema verzieren, die Harmonik jedoch unangetastet lassen.)
In Bsp. 139b verändert Scheidt die Struktur, indem er das Thema kontrapunktisch in Imitationen verwendet:

Bsp. 139b

Und in Bsp. 139c wandelt Sweelinck den Rhythmus des Kontrapunkts, indem er aus der Pavane eine Galliarde macht:

Bsp. 139c

Diese Variationen wurden für ein Tasteninstrument geschrieben und konnten sowohl auf der Orgel als auch auf dem Cembalo gespielt werden.

Die Figuration ist ein besonderes Merkmal der Tastenmusik des 17. Jahrhunderts, vor allem bei den sogenannten **Toccaten**, in denen schnelle Läufe mit voll klingenden Akkorden abwechselten. Die Akkorde wurden dabei selten als einzelne Blöcke gespielt, sondern in **gebrochene Akkorde** aufgelöst, wobei man jede Note nacheinander rhythmisch vortrug. Oder sie wurden in eine Kaskade von Noten aufgeteilt, das sogenannte **Arpeggio**. (Ein gebrochener Akkord bleibt innerhalb des Oktavraums, ein Arpeggio geht über ihn hinaus.)
Das Wort »Toccata« (ital. »berühren, anschlagen«) bezieht sich auf das Berühren der Tasten mit den Fingern. Diese Bezeichnung grenzte das Stück gegenüber der **Sonate** (lat. *sonus* = Klang, Ton) ab, der sich auf den Klang der Violen bzw. Violinen bezog.

Kapitel 33: Die Triosonate

Die Sonate des 17. Jahrhunderts, die sich erheblich von den Sonaten Haydns und Mozarts oder gar Beethovens und Brahms' unterscheidet, wird manchmal auch als **Barocksonate** bezeichnet, um sie von den späteren Werken zu unterscheiden.
Gegen Ende des 17. Jahrhunderts gab es zwei verschiedene Arten von Sonaten. Die eine war die **Sonata da camera** oder Kammersonate, in der verschiedene Tänze – etwa Allemande, Courante, Sarabande und Gigue – zu einem zusammenhängenden Musikstück verknüpft wurden. Die andere war die **Sonata da chiesa** oder Kirchensonate, in der es vier Abschnitte gab, die man **Sätze** nannte. Der erste Satz war langsam und majestätisch, der zweite schnell und lebhaft, der dritte langsam und würdevoll und der vierte sehr schnell. Diesen vier Sätzen gab man italienische Bezeichnungen, die den Charakter ihrer unterschiedlichen Tempi anzeigten:

Adagio – langsam und gemächlich; *Grave* – langsam und feierlich; *Largo* – langsam und erhaben; *Allegro* – schnell und heiter; *Vivace* – schnell und lebhaft; *Presto* – sehr schnell.

Barocksonaten waren für gewöhnlich **Triosonaten** für zwei Violinen, Viola da gamba (oder Cello) und Cembalo. Obwohl vier Instrumentalisten beteiligt waren, bezeichnete man sie als Trios, weil die Musik nur für drei Stimmen geschrieben war. Die Noten für die Viola da gamba waren praktisch die gleichen wie die tiefsten Noten auf dem **Cembalo**. Die Cembalostimme wurde nicht vollständig ausgeschrieben; es waren nur die Baßnoten mit daruntersteheden **Ziffern** angegeben, um den Ausführenden auf die zu spielenden Akkorde hinzuweisen. Die Ziffern bezeichneten die Intervalle über der Baßnote, etwa $\begin{smallmatrix}6\\3\end{smallmatrix}$, $\begin{smallmatrix}6\\4\end{smallmatrix}$, $\begin{smallmatrix}7\\5\\3\end{smallmatrix}$ usw., wie in den Beispielen der Teile V und VI. Diese Art von Baß nannte man den **bezifferten Baß**.

Kapitel 34: Continuo

Spielte im 17. Jahrhundert ein Cembalist einen bezifferten Baß, so mußte er **improvisieren** bzw. sich seine eigene Begleitstimme ausdenken, denn die restlichen Noten wurden von den Komponisten nicht dazugeschrieben. Solange er sich an die angegebenen Harmonien hielt, stand es ihm frei, die Akkorde so zu verteilen wie er wollte, sie in Arpeggien aufzulösen oder sie nach Art der Division auszuzieren.

Die Stimme, die nach einem bezifferten Baß gespielt wird, bezeichnet man als **Continuo**, eine Kurzform für »basso continuo«, was soviel wie »fortlaufender Baß« bedeutet. Dieser etwas irritierende Name ist ein Überbleibsel aus der Polyphonie. Gegen Ende des 16. Jahrhunderts schrieben Komponisten **Motetten** für zwölf oder noch mehr Stimmen,

bei denen die Sänger die Unterstützung der Orgel benötigten. Da dem Organisten keine eigene Stimme zugewiesen war, mußte er den Vokalstimmen folgen und herausfinden, welche vertikalen Akkorde sie bildeten, wonach er dann die Ziffern wie $\begin{smallmatrix}6\\3\end{smallmatrix}$ oder $\begin{smallmatrix}7\\5\\3\end{smallmatrix}$ unter die Noten der tiefsten Baßlinie schreiben konnte. Hin und wieder hatte der Baß einige Takte zu pausieren; dann hielt sich der Organist jeweils an die tiefste Stimme – sei es ein Tenor oder sogar ein Alt –, schrieb seine Zahlen darunter und konnte sich so in der ganzen Motette an einen »fortlaufenden Baß« halten.
Continuo wird auch als **Generalbaß** bezeichnet. Führt man einen Generalbaß schriftlich oder praktisch aus, bezeichnet man dies als **Aussetzen** eines bezifferten Basses.
Mit der einfallsreichen Vielfalt an Spielmöglichkeiten auf den Tasteninstrumenten und mit der ausdrucksvollen Unterstützung von Viola da gamba oder Cello konnte ein Generalbaß die ideale Begleitung für den neuen Gesangsstil des 17. Jahrhunderts liefern, der sich mit der »Erfindung« der **Oper** herausbildete.

Kapitel 35: Die Anfänge der Oper

Gegen Ende des 16. Jahrhunderts unternahmen italienische Dichter und Musiker die ersten Versuche, die beiden Kunstformen Schauspiel und Musik miteinander zu verbinden. Die dichterische Vorlage, die man **Libretto** nannte, wurde extra zu dem Zweck verfaßt, in Musik gesetzt zu werden. Sie wurde in einer Art Sprechgesang, dem **Rezitativ**, vorgetragen, der dem Rhythmus der gesprochenen Wörter und dem Heben und Senken der Stimme im Satz folgte.
Die italienischen Komponisten fanden bald heraus, daß sie die Form ihrer Werke, der **Opern**, anreichern mußten, indem sie einen melodiöseren Gesang, die **Arie**, zwischen die

Rezitative einfügten. Die Handlung des Dramas wurde durch den Vortrag einer Arie aufgehalten, weil der Solist einfach dastand und je nach der Stimmung, die das Libretto gerade verlangte, einen leidenschaftlichen, klagenden, fröhlichen oder triumphierenden Gesang von sich gab. Der Text einer Arie war für den Handlungsablauf nicht besonders wichtig, so daß es dem Komponisten freistand, die gleichen Wörter mehrfach in ausgedehnten Phrasen zu wiederholen, die durchaus auch zu einem Instrumentalstück gepaßt hätten. Er konnte ebenso einen ganzen Satz mehrfach wiederholen und wie beim Refrain eines Rondeau immer wieder auf ihn zurückkommen. Oder er konnte eine einzelne Silbe aus einem Wort herausgreifen und sie in schneller Figuration durch ein halbes Dutzend Takte laufen lassen – dies bezeichnete man als **Koloratur**, weil die Melodielinie dadurch eine besondere »Färbung« erhielt.

In den Rezitativen wurde die Handlung vorangetrieben, wurden Gespräche zwischen den Personen geführt, Auftritte und Abgänge bewerkstelligt und die Arien mit den sonstigen szenischen Vorgängen verbunden. **Chöre** nahmen aktiv am Geschehen auf der Bühne teil; oft sangen sie in schneller kontrapunktischer Imitation, um etwa die Handlung einer Menschenmenge darzustellen, oder sie standen »beiseite«, wie der Chor in der griechischen Tragödie, und kommentierten das Drama in ausgehaltenen Harmonien, wie etwa in Purcells bedeutender Oper *»Dido and Aeneas«*.

In den Arien und Rezitativen gab es eine Begleitung durch den Generalbaß. Die Chöre wurden von einer Gruppe von Instrumentalisten, dem sogenannten **Orchester**, unterstützt. (Der Ausdruck »Orchester« wurde bei der Oper des 17. Jahrhunderts erstmals verwendet. Es handelt sich um das griechische Wort für »Tanzplatz«, das im griechischen Theater jenen Bereich zwischen Bühne und Auditorium bezeichnet, der den Tänzern und Musikern vorbehalten war.)

Im 17. Jahrhundert bestand das Orchester aus Streichern

und Cembalo; gelegentlich wurden Blockflöten hinzugefügt, Oboen, die nun nicht mehr rauh klangen, Trompeten und Pauken. Einen Dirigenten gab es nicht: Der Cembalist leitete die Musik von seinem Instrument aus.

In der Oper spielte das Orchester zur Eröffnung des ganzen Stücks eine **Ouvertüre**, eine kurze Einleitung in erhabenen, langsamen Akkorden mit einem betonten punktierten Rhythmus, die in einen schnellen Satz mit fugierter Imitation überging. (Die ersten Ouvertüren wurden manchmal auch als **Sinfonia** bezeichnet, was jedoch nichts mit der späteren Sinfonie zu tun hat, sondern sich noch auf die frühere, ursprüngliche Bedeutung des »Zusammenklingens« bezieht.)

Ein instrumentales Zwischenspiel nannte man in der Oper des 17. Jahrhunderts **Ritornell**, da es sich wie ein Refrain auf das bezog, was gerade gesungen worden war. Das Orchester spielte **Tanz-Einlagen**, wann immer sie gebraucht wurden, und als Übergang von einem Akt zum anderen gab es **Zwischenaktmusiken** bzw. **Vorspiele**, die den Bühnenarbeitern die Gelegenheit gaben, die nächste Szene vorzubereiten.

Kapitel 36: Verzierungen

Eines der wesentlichsten Merkmale aller Musikstücke aus der Barockzeit, unabhängig davon, ob es sich um Opern oder Instrumentalwerke handelt, war die verschwenderische Art, mit der die Komponisten ihre Melodien ausschmückten. Diese Ausschmückungen nannte man **Verzierungen**.

Im 17. Jahrhundert war es üblich, daß die Interpreten ihre eigenen Verzierungen zu einer Phrase improvisierten, später aber legten die Komponisten oft genau fest, was sie sich vorstellten.

Verzierungsnoten werden viel kleiner geschrieben als gewöhnliche Noten. Sie lassen sich in den Takt einfügen, indem man etwas vom Wert der Noten abzieht, die sie ausschmücken, ohne jedoch den Takt der Musik zu beeinträchtigen:

geschrieben

gespielt

Eine **Appoggiatura** (vom Italienischen *appoggiare* = »unterstützen«) ist eine langsame Verzierungsnote, welche die Note, die sie verziert, unterstützt, wobei sie die Hälfte ihres Wertes einnimmt:

geschrieben

gespielt

Eine Appoggiatura vor einer punktierten Note erhält zwei Drittel vom Wert dieser Note:

geschrieben

gespielt

Eine **Acciaccatura** (ital. *acciaccare* = »zerstoßen«) ist eine schnelle Verzierung, die, kaum daß sie auftaucht, schon wieder verklungen ist, da die Hauptnote unmittelbar folgt. Sie wird wie eine Appoggiatura notiert, jedoch zusätzlich mit einem Strich versehen:

geschrieben

gespielt

(Appoggiaturen und Acciaccaturen sind immer durch einen Legatobogen mit der Hauptnote verknüpft. Ihr Notenhals und der der Hauptnote gehen in entgegengesetzter Richtung.)
Die wichtigsten Verzierungen sind Mordent, Doppelschlag und Triller.

Der **Pralltriller**:

Der **Mordent**:

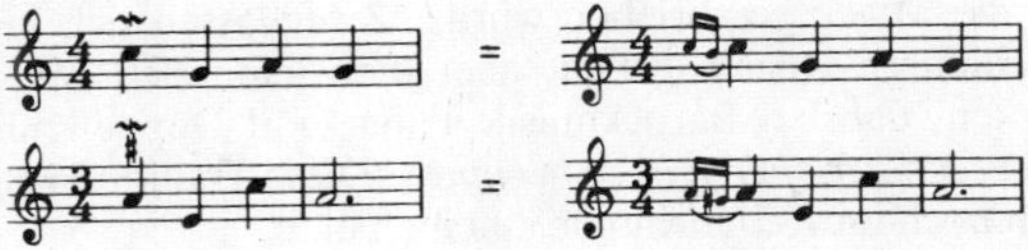

Der **Doppelschlag**:

Ein Doppelschlag zwischen zwei Noten:

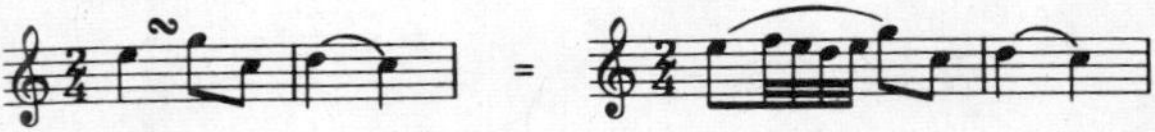

Ein Doppelschlag auf oder nach einer punktierten Note (die letzte Note des Doppelschlags entspricht dabei dem Wert der Punktierung):

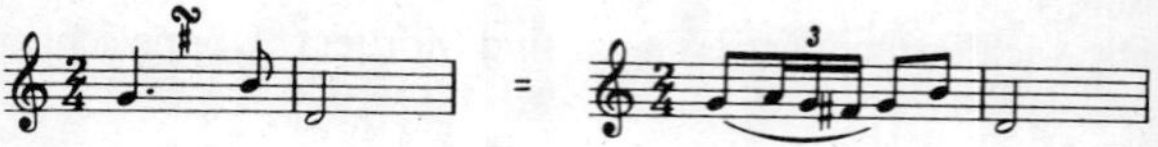

Der **Triller**:

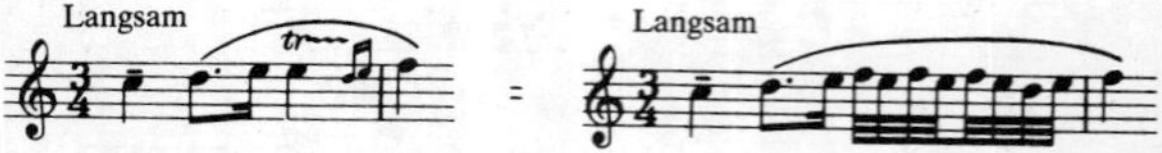

Die Verzierungen variieren je nach Gestalt der Phrase und nach dem Tempo, in dem diese vorgetragen werden soll. Zudem gibt es Unterschiede abhängig von der Epoche, in der die Musik geschrieben wurde. Zwar lassen sich keine unfehlbaren Regeln geben, aber man kann sich generell merken, daß bei Barockmusik Triller und Doppelschläge *immer auf der oberen Note beginnen*. Diese Tradition wurde auch noch im 18. Jahrhundert beibehalten.

Teil IX

Der Stil des frühen 18. Jahrhunderts

Kapitel 37: Oper und Oratorium

Wandel im **Stil** der Musik muß man *hören*, bevor man ihn erkennen kann, genauso wie man Veränderungen in der Mode oder Architektur sehen sollte, anstatt darüber nur zu lesen. In einem kleinen Handbuch wie diesem können nur einige charakteristische Neuerungen herausgestellt werden, die für eine Epoche jeweils typisch sind.

Der neue Opernstil, der sich zu Beginn des 18. Jahrhunderts herausbildete, gründete auf den Traditionen des Opernhauses in Neapel. In der **neapolitanischen Oper** mußten Libretto und Musik streng nach einem festgelegten Grundmuster gestaltet werden. Fast jede Arie war in Form der **Dacapo-Arie** angelegt. *Da capo* bedeutet »von Anfang an« und meint, daß der gesamte erste Abschnitt nach dem kontrastierenden zweiten Teil nochmals gesungen werden soll. Der zweite Abschnitt stand in einer anderen Tonart, meistens der verwandten Moll-Tonart.

Für die **Aria cantabile** oder »Gesangsarie« war eine besondere Gesangstechnik erforderlich, der sogenannte **Belcanto**, bei dem die Schönheit des Tons weitaus wichtiger war als der dramatische Ausdruck.

Die **Aria di bravura** hatte lange, schwierige Passagen voll brillanter Koloraturen mit schnellen Läufen, Trillern und reichlichen Verzierungen. Die Interpreten, die sie singen konnten, nannte man **Virtuosen**.

Die **Aria di carattere** oder *Air de caractère* stellte die einzige Liedart dar, die eng mit der Handlung verbunden war. Entscheidend war hier, daß man die Worte deutlich verstehen konnte, und es gab Stellen, die als **Parlando** gekennzeichnet waren, also »sprechend«.

Rezitative kamen entweder vor als **Recitativo stromentato**, d. h. mit Orchesterbegleitung, oder als **Recitativo secco**, d. h. von trockenen, abrupten Cembaloakkorden begleitet, die die schnell gesungenen Dialoge mit einer Kaskade von Nadelstichen spickten.

Eine neapolitanische Oper bestand bis auf einige unwesentliche Chorszenen fast ausschließlich aus Arien und Rezitativen. Die Hauptpersonen sangen nie im **Ensemble** zusammen, sondern hielten sich an die ihnen zugedachten Solonummern. Die Musik war so angelegt, daß sie viele Möglichkeiten zum Applaudieren bot, und es gab eine feste Regel, daß jeder, der eine Arie sang, nach dem letzten Ton sofort die Bühne zu verlassen hatte, so daß er von den Zuschauern wieder begeistert hereingerufen werden konnte. (Dies bedeutete etwa auch, daß der Held, wenn er seiner Heldin einen Antrag gemacht hatte, in die Kulisse verschwinden mußte, ohne ihre Antwort abzuwarten.) Um die fehlende dramatische Charakterisierung auszugleichen, gaben die Theater Vermögen für eine aufwendige Ausstattung und für Bühneneffekte aus.

Der größte Opernkomponist der damaligen Zeit war Händel. Seine Musik besaß eine solche Vitalität, daß sie selbst den verstaubtesten Konventionen der Opernbühne Leben einhauchen konnte. Händels Opern werden seit dem 18. Jahrhundert seltener gespielt, aber der Stil seiner Arien ist uns vertraut, da ja seine Oratorien noch vielfach aufgeführt werden.

Das **Oratorium** des 18. Jahrhunderts war ein umfangreiches Werk für Kirche oder Konzertsaal, dem zumeist ein biblischer Stoff zugrunde lag. Nachdem man zu Anfang noch etwas experimentiert hatte, fanden die Aufführungen dann ohne Spiel, Kostüme und Bühnenbild statt. Wie in der neapolitanischen Oper bestand die Musik aus Rezitativen und Da-capo-Arien, aber es gab viel mehr Möglichkeiten für dramatische Chöre, wie etwa in Händels *»Messias«*.

Kapitel 38: Konzerte und Sonaten des Barock

Das Orchester war bei Händel größer als bei Purcell, wurde aber noch immer vom Cembalo aus geleitet. Die Stimmen der Blasinstrumente waren fast immer mit den Streichern **verdoppelt**: Erste und zweite Oboe spielten die gleichen Noten wie erste und zweite Violine und das Fagott die gleichen Noten wie die Celli. Um das Klangbild zu variieren, fügte man Passagen ein, in denen sich Soloinstrumente mit dem ganzen Orchester abwechselten.

Dies bildete im frühen 18. Jahrhundert das Grundschema des **Concerto**, das manchmal auch als **Concerto grosso** bezeichnet wird. Die Solistengruppe nannte man **Concertino** bzw. **Principale**, die Instrumentalisten, die nicht solistisch spielten, hingegen **Tutti** bzw. **Ripieno**.

Die Anlage der Konzerte Händels hielt sich an die Tradition der *Sonata da chiesa* mit ihren vier oder mehr Sätzen. Bachs Solokonzerte hatten meistens nur drei Sätze: *Allegro, Adagio, Allegro* – das Schema, das seitdem beibehalten wurde.

Bei einem Concerto grosso von Händel bestand die kleine *Concertino*-Gruppe – wie in der Triosonate – häufig aus zwei Violinen und Continuo (Cembalo und Cello.) Die *Ripieno*-Gruppe bildeten die übrigen Streicher, die mitunter durch Flöten, Oboen oder Trompeten ergänzt wurden.

Die Besetzung von Bachs *Concerti grossi* (die den Titel *»Brandenburgische Konzerte«* tragen) wechselte von einem Werk zum anderen. So ist beispielsweise das 2. Brandenburgische Konzert für die ungewöhnliche Zusammenstellung von Solotrompete, Flöte, Oboe und Violine mit dem dazugehörigen Tutti von Streichern und Continuo geschrieben. Concerti grossi werden manchmal auch als **spätbarocke Konzerte** bezeichnet.

Bei den **spätbarocken Sonaten** handelte es sich zumeist um Triosonaten, aber manche Komponisten schrieben auch So-

naten für ein Soloinstrument und Cembalo. Der wesentliche Unterschied zwischen Händels und Bachs Sonaten für Soloinstrument und Cembalo besteht darin, daß Händel seine Cembalostimme noch mit beziffertem Baß notierte, den der Interpret auflösen mußte, während Bach die Baßstimme bereits vollständig ausschrieb, mit einer solistischen Beteiligung der rechten Hand.
Formal ähnelte die spätbarocke Sonate der *Sonata da chiesa*, aber gelegentlich war einer der langsamen Sätze ein Tanz, wie etwa der **Siciliano** in Bsp. 140:

Bsp. 140

Siciliano J. S. Bach (Sonate Es-Dur für Flöte und Cembalo BWV 1031)

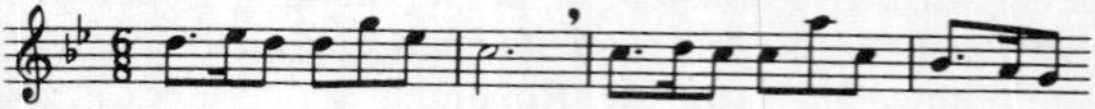

(Dieser anmutige Tanz mit seinen langen, strömenden Linien im punktierten $^6/_8$- bzw. $^{12}/_8$-Takt ähnelt sehr der **Pastorale** im $^{12}/_8$-Takt, wie etwa in der *Sinfonia pastorale* von Händels *»Messias«*.)
Tänze wurden in den Sonaten jedoch kaum verwendet, da sie zur **Suite** gehörten, die im 18. Jahrhundert die Entsprechung zur *Sonata da camera* bildete.

Kapitel 39: Suiten

Die **Suite** des frühen 18. Jahrhunderts war eine kleine Sammlung gegensätzlicher Tanzmelodien; sie hatte die französische Benennung »Suite«, da diese Stücke aufeinander folgten. Die italienische Bezeichnung für Suite ist **Partita**. (Beide Sprachen weisen zu dieser Zeit Bezeichnungen für denselben Begriff auf, denn Frankreich und Italien waren im Bereich der Instrumentalmusik führend.)

Die Sätze einer Suite waren jedoch nicht zum Tanzen gedacht; es stand den Komponisten frei, die Melodien zu verlängern, wenn es ihnen beliebte.
Die Tänze standen alle in der gleichen Tonart mit gelegentlichen Wechseln in die Dur- oder Moll-Variante. Zu den Grundbestandteilen gehörten *Allemande, Courante, Sarabande* und *Gigue*; sie wurden auch in dieser Reihenfolge gespielt; andere Tänze konnten hinzugefügt werden. An dieses Schema hielt sich Bach in allen seinen Orchester- und Solosuiten.
Die **Allemande** hatte mit der gleichnamigen Tanzform des 16. Jahrhunderts wenig gemein, denn sie war weitaus langsamer und eleganter. Sie stand im gemäßigten $^{4}/_{4}$-Takt mit einem kurzen Auftakt; gewöhnlich enthielt sie auch Durchgangstöne sowie schnelle Läufe und Arpeggien.

Bsp. 141

J. S. Bach
Allemande (Englische Suite Nr. III BWV 808)

Bei der *Courante* gab es zwei verschiedene Arten: Die italienische **Corrente** stand im schnellen $^{3}/_{8}$- bzw. $^{3}/_{4}$-Takt mit ununterbrochen laufenden Figuren; sie stammte direkt von der früheren Tanzform ab (vgl. die Courante des 16. Jahrhunderts in Bsp. 131):

Bsp. 142

J. S. Bach
Corrente (Partita Nr. V BWV 829)

Die französische **Courante** stand im ziemlich langsamen $^{3}/_{2}$-Takt, wobei der Rhythmus manchmal zwischen $^{3}/_{2}$ und $^{6}/_{4}$ schwankte:

Bsp. 143

J. S. Bach
Courante (Englische Suite Nr. II BWV 807)

Die **Sarabande** war wesentlich langsamer als die gleichnamige Tanzform des 16. Jahrhunderts. Die charakteristische lange Note auf der zweiten Zählzeit behielt sie jedoch bei:

Bsp. 144

J. S. Bach
Sarabande (Englische Suite Nr. IV BWV 809)

Sarabanden wurden oft zweimal gespielt, wobei dann in der Wiederholung kunstvolle Verzierungen hinzukamen. Zu Beginn des 18. Jahrhunderts improvisierten die meisten Interpreten noch mit eigenen Verzierungen. Bach war einer der ersten Komponisten, der die Ornamentik, die ihm vorschwebte, schriftlich festlegte, wodurch seine gedruckten Musikstücke komplizierter aussehen, als sie eigentlich sind.
Die **Gigue**, die einige Gemeinsamkeiten mit dem englischen Jig aufweist, stand im schnellen Dreiertakt, oft mit Intervallsprüngen, die die energischen Tanzschritte andeuteten.

J. S. Bach
Gigue (Französische Suite Nr. V BWV 816)

Bsp. 145

Die Gigue war immer der letzte Tanz einer Suite. Für den

zusätzlichen Satz, der üblicherweise zwischen Sarabande und Gigue eingefügt wurde, gab es mindestens ein Dutzend anderer Tanzformen, die man wählen konnte, darunter *Bourrée, Gavotte* und *Menuett*. (Beim »Menuett« wurde in den Suiten die französische Schreibweise – *Menuet* – und bei den Partiten die italienische – *Minuetto* – gewählt.)
Bei der **Bourrée** blieb der schlichte Charakter ihrer Vorgängerin erhalten:

Bsp. 146

Auf eine Bourrée folgte oftmals noch eine weitere in der Dur- bzw. Moll-Variante mit einer Da-capo-Wiederkehr der ersten Melodie.
Die **Gavotte** stand im ziemlich schnellen $^2/_2$-Takt, wobei jede Phrase mitten im Takt einsetzte:

Bsp. 147

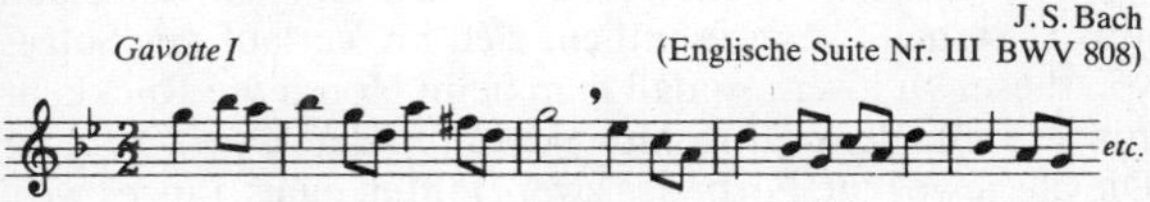

Die Gavotte II in Dur, die sich an diese Melodie anschließt, ist eine **Musette**. Dies war ursprünglich der Name von fran-

Bsp. 148

zösischen Sackpfeifen im 17. Jahrhundert; die Musik imitiert den Klang des **Borduns** mit seinen langgezogenen Baßnoten.

(Eine ausgehaltene Baßnote wie den Bordun in Bsp. 148 bezeichnet man als **Orgelpunkt**, wobei das Wort »Punkt« in seiner alten Bedeutung von »Note« verwendet wird, wie etwa in »Kontrapunkt«.)

Das **Menuett** war immer noch Purcells Menuetten sehr ähnlich, aber in der Suite hatte es nun ein schnelleres Tempo als zu der Zeit, in der es als ein eher vornehmer Tanz galt. Auf dieses folgte ein zweites Menuett für drei Soloinstrumente (oder, falls es sich um eine Cembalo-Suite handelte, im dreistimmigen Satz) mit einer Da-capo-Wiederholung. Das zweite Menuett nannte man »Menuet en trio«, was dann wiederum zu **Trio** abgekürzt wurde.

Jeder Satz einer Suite hatte etwa in der Mitte einen Doppelstrich mit einer Modulation zur Dominante. Dabei handelte es sich um eine wirkliche Modulation, nicht nur um eine Ausweichung. Die Melodie mußte in der Wiederholung zur ursprünglichen Tonika zurückkehren, aber ebenso auch beim zweiten Taktstrich *in der neuen Tonart weitergehen* können. Für eine Suite, in der jeder Tanz in derselben Tonart steht, ist es wesentlich, sich im Verlauf des Satzes von dieser zu lösen, so daß man beim Hören die Rückkehr zur Schlußkadenz als wohltuend empfindet.

Die ausgewogene Form der zwei Hälften eines Tanzes wird manchmal als **zweiteilige Form** bezeichnet. Werden zwei ähnliche Sätze mit einer Da-capo-Wiederholung verbunden, ist die Form **dreiteilig**.

Einige von Bachs Orchestersuiten kennt man als **Ouvertüren**. Dies mag etwas irritieren, die Bezeichnung stammt daher, daß ihr Einleitungssatz in Form der französischen Opern-Ouvertüre des 17. Jahrhunderts mit einer majestätischen Einleitung im punktierten Rhythmus angelegt ist. Der Name »Ouvertüre« wurde für die Einleitungssätze sowohl von Werken für Soloinstrumente als auch für Orchester

verwendet. Es handelte sich um eine Art **Präludium** bzw. **Vorspiel**, also ein Stück, das vor den anderen Sätzen gespielt wurde.
Bach verwendete für seine Orchester- und Cembalostücke zudem die Bezeichnung **Sinfonia**. Auch dieser Begriff hat mit dem, was wir uns heute unter einer Sinfonie vorstellen, nichts zu tun; es war lediglich eine Bezeichnung für ein einleitendes Instrumentalstück.
Für Bachs Partiten und Suiten für Soloviolinе oder -violoncello ohne Begleitung braucht es Virtuosen, denn die einzelne Stimme trägt nicht nur die Melodie, sondern auch die Harmonien, aus denen sich diese Melodie herausbildet. Die harmonische Grundlage von Bachs Musik ist so klar, daß es immer möglich ist, die Akkorde zu erkennen, ganz gleich wie sie verflochten waren. In Bsp. 149 sieht die Figuration recht kompliziert aus, die Harmonik bereitet jedoch keinerlei Schwierigkeiten.

Bsp. 149

J. S. Bach
Prélude (Suite für Violoncello Nr. 1 BWV 1007)

Spielt man die ersten drei Noten jedes Taktes als Akkorde, langsam, nacheinander, klingt die Musik so einfach wie ein Choral.

Kapitel 40: Kantaten

Choräle bilden die wesentliche Grundlage eines Großteils der Bachschen Musik. Als Kantor der Thomaskirche zu Leipzig setzte er nicht nur Choräle für die Gemeinde aus, sondern schrieb auch umfangreiche **Kantaten**, die aus den Gottesdiensten vertraute Choralmelodien zur Grundlage hatten.
Eine Bach-Kantate beginnt oft mit einem Chor, in dem der Sopran, gestützt von Trompeten oder Oboen, die Noten eines Chorals in Augmentation (Ausweitung) singt, während die anderen Stimmen und Instrumente ihren Kontrapunkt darum herumweben und das Orgel-Continuo die Harmonik verstärkt. Nach dem Einleitungs-Chor, der den längsten Abschnitt des Werkes bildet, gibt es kontrastierende Arien für Solisten mit Continuo-Begleitung, die manchmal durch kurze Rezitative verbunden sind, oder **Arioso**-Teile, die stilistisch etwa zwischen Arie und Rezitativ liegen. In vielen dieser Arien kommt zu der Stimme des Sängers noch ein Soloinstrument hinzu, das seine eigene Melodie spielt. Diese wichtige Instrumentalstimme heißt **Obligato**. Die Kantaten enden immer mit einer einfachen Fassung des Chorals, der zu Bachs Zeit von der Gemeinde gesungen werden konnte. Diese kannte den Choral schon im voraus, da Bach mit dieser Melodie immer den Gottesdienst auf der Orgel einleitete, entweder als **Choralvorspiel** oder als **Choralvariationen** in der Tradition des 16. Jahrhunderts mit Variationen über ein Thema.
Choräle bilden auch die Grundlage von Bachs »*Weihnachts-Oratorium*« (das eigentlich aus sechs Kantaten besteht, die an verschiedenen Tagen gesungen wurden) und seinen »*Passionen*«.
Die Vertonungen der **Passionen** sind – im wahrsten Sinne des Wortes – ausgesprochen »opernhaft«. Die Chorsänger stellen einerseits die aufgebrachte Volksmenge dar, die sich

bei jedem Fugen-Eintritt Gehör verschafft. Andererseits stehen sie außerhalb der Handlung und kommentieren diese mit der ausdrucksvollen Harmonik der Choräle. Die Rezitative des Evangelisten schaffen die imaginäre Bühne für jede neue Szene, und auf jeden Höhepunkt des Dramas folgt eine betrachtende Arie mit Orchester- oder Obligato-Begleitung.

Formal werden diese umfangreichen Werke wie auch die große *h-Moll-Messe* durch all die ständig wechselnden Stimmungen und Strukturen hindurch von Bachs untrüglichem Gefühl für Tonartenbezüge zusammengehalten.

Kapitel 41: Fugen

Bach war der erste Komponist, der Musik in jeder möglichen Tonart schrieb. Seine beiden Sammlungen mit Stücken für Tasteninstrumente in allen zwölf Dur- und Moll-Tonarten umfassen einen Zyklus von *Achtundvierzig Präludien und Fugen*. Bach selbst gab ihnen den Titel *»Das Wohltemperierte Clavier«*. (»Clavier« bedeutet Tasteninstrument und bezeichnet sowohl das Clavichord wie das Cembalo.)

»Wohltemperiert« bezieht sich auf Bachs Stimmung der Tasteninstrumente. Die früheste Stimmung von Tonleitern beruhte auf den Noten der Obertonreihe, wobei der Umfang jedes Tons bzw. Halbtons leichte Unterschiede aufwies. Dies machte nichts aus, solange es sich um ein Musikstück mit einer einzigen Melodielinie handelte; sobald aber kontrapunktische Intervalle vorkamen, mußte eine Anpassung vorgenommen werden. Die Tonleiter wurde nun flexibel, und die Sänger veränderten einige Tonstufen ganz leicht, damit die kontrapunktischen Intervalle rein klangen.

Diese Methode wird bei unbegleiteten Chören immer noch ganz unwillkürlich angewendet, wenn die Sänger aufeinan-

der hören. Auf einem Tasteninstrument ist die Tonleiter jedoch nicht so flexibel, deshalb muß sie teilweise abgeändert oder »temperiert« werden.
Die **natürliche** bzw. reine **Stimmung**, die auf den Intervallen der reinen Quinte und der reinen Terz beruht, ergab die vollkommen gestimmten Dreiklänge C–E–G, F–A–C und G–H–D, jedoch blieben die anderen Intervalle unbefriedigend. Im 16. Jahrhundert wandelte man die Stimmung etwas ab, indem man alle Quinten etwas zu klein anlegte. Diese **mitteltönige Stimmung** war für Tonarten mit nur einem oder zwei Erhöhungs- bzw. Erniedrigungszeichen gut geeignet, aber im späten 17. und frühen 18. Jahrhundert, als die Musikstücke zunehmend in entlegene Tonarten modulierten, kam sie außer Gebrauch. Zwischen Gis und As bestanden derartige klangliche Unterschiede, daß ein für die ♭-Tonarten einigermaßen gut gestimmtes As niemals als Gis verwendet werden konnte. Um sich über diese Schwierigkeiten hinwegzuhelfen, wurden manchmal sogar Orgeln und Cembalos mit getrennten Tastenhebeln für Gis und As sowie Dis und Es gebaut.
Unsere heutige Stimmung, die sogenannte **gleichschwebende Temperatur**, unterteilt die Oktave in zwölf gleiche Halbtöne, wodurch jedes Intervall mit Ausnahme der Oktave leicht unrein klingt. (Wird ein Tasteninstrument gestimmt, stellt der Instrumentenstimmer die Intervalle nicht einfach »nach Gefühl und Wellenschlag« ein, sondern zählt die akustischen Schläge, die im 15. Kapitel auf Seite 66f. erwähnt werden.)
Diese Gliederung der Oktave verteilt die Abweichungen so gleichmäßig, daß man in allen Tonarten rein spielen kann.
Zu Bachs Lebzeiten war die gleichschwebende Temperatur noch nicht allgemein verbreitet. Hier leistete er Pionierarbeit, und spätere Musikergenerationen waren gehalten, diese neue Methode der Stimmung zu übernehmen.
Bachs *Achtundvierzig Präludien und Fugen* stellten nicht

bloß ein theoretisches Experiment dar, es waren praktische Klavierübungen, die er für den Unterricht seiner Kinder schrieb. Die Präludien haben die Form von Ouvertüren, Toccaten, Pastoralen oder Konzertsätzen. Einige von ihnen stehen im sogenannten **doppelten Kontrapunkt** und **dreifachen Kontrapunkt**, was besagt, daß, selbst wenn der Baß in die Diskantlage und umgekehrt wechselt, das Ganze immer noch musikalisch Sinn ergibt, wie etwa in Bachs zwei- und dreistimmigen **Inventionen**.

Die **Fugen** in diesen Übungsstücken sind in zwei, drei, vier oder gar fünf Melodielinien aufgeteilt, die sogenannten »Stimmen«. (Dieser Begriff wurde auch im 18. Jahrhundert weiterhin für den fugierten Kontrapunkt verwendet, auch wenn die einzelnen Teile instrumental gespielt wurden.) Die erste Stimme setzt mit dem **Thema (Subjekt)** ein, das recht kurz ist und sich dank seiner markanten rhythmischen Gestalt und seinem individuellen Charakter leicht einprägt. Wenn die erste Stimme an das Ende des Themas gelangt, setzt die zweite mit fugierter Imitation ein; diesen Stimmeneintritt nennt man **Antwort**. Unterdessen fährt die erste Stimme mit dem **Kontrasubjekt** fort, das ein neues Thema mit völlig anderem Rhythmus und anderer Gestalt vorstellt. Wenn die dritte Stimme mit dem Thema einsetzt, übernimmt die zweite Stimme das Kontrasubjekt.

Die dritte Stimme muß nicht unmittelbar dann einsetzen, wenn die zweite Stimme das Thema beendet hat; es kann ein kurzes **Zwischenspiel** bzw. eine **Episode** geben, worin die erste und zweite Stimme kleine Fragmente aus der Melodie aufgreifen, sogenannte **Motive**, die oft aus dem Thema oder dem Kontrasubjekt übernommen werden. Die Stimmen »spielen« sich die Fragmente gegenseitig zu oder wiederholen sie, wobei sie jedesmal – als **Sequenz** – auf einer anderen Note anfangen. Wenn die letzte Stimme das Ende des Themas erreicht hat, ist die **Exposition** bzw. die »Themenaufstellung« abgeschlossen (vgl. Bsp. 150).

Beginnt das Thema einer Fuge mit der Tonika, folgt die

Antwort mit der Dominante. Ein Thema, das mit der Dominante einsetzt, wird mit der Tonika beantwortet. (Diese Kompositionsweise hält sich an die Tradition der Renaissance, die im 17. Kapitel besprochen wurde.) Handelt es sich bei der antwortenden Stimme einer Fuge um eine genaue Transposition des Themas, so bezeichnet man die Antwort als **real**. Es kann sein, daß man die Noten der Antwort angleichen muß, damit ein von der Tonika zur Dominante wechselndes Thema von der zur Tonika zurückwechselnden Dominante beantwortet werden kann und umgekehrt, genau wie beim authentischen und plagalen Stimmeneintritt in der Polyphonie. Eine angeglichene Antwort in einer Fuge heißt **tonale** Antwort.

Nach der Exposition modulieren die Fugeneintritte nach eng verwandten Tonarten und kehren beim letzten Stimmeneintritt wieder zur Ausgangstonart zurück. Um diese Rückkehr zur Tonika gebührend zu »feiern«, gibt es manchmal noch eine **Coda** (ital. »Schwanz«), die das Vergnügen daran verlängert.

Bei der Ausarbeitung einer Fuge ist die Reihenfolge, in der die Stimmen einsetzen, unerwartet vielfältig, und keine Stimme kehrt jemals wieder in genau der gleichen Tonlage zum Thema zurück. (Die späteren Stimmeneintritte auf Tonika und Dominante erfolgen eine Oktave höher oder tiefer als vorher.) Manchmal wird die antwortende Stimme allmählich »ungeduldig«, wenn sie auf ihren Einsatz wartet, und kommt zu früh hinzu, was man **Engführung** nennt. Mitunter *scheint* auch eine Stimme mit dem Thema einzusetzen, schlägt aber nach den ersten paar Noten eine andere Richtung ein. Dies bezeichnet man als **Scheineinsatz**. In Bsp. 150 hat die erste Stimme einen Scheineinsatz kurz vor dem richtigen Einsatz der dritten Stimme.

Zu den anderen Kunstgriffen, deren sich Bach bei seinen Fugenkompositionen und Kanons bediente, gehören die **Augmentation** eines Themas, bei der die Notenwerte verdoppelt, und die **Diminution**, bei der die Notenwerte halbiert werden. Bach nahm nicht nur **Umkehrungen** seiner Themen vor, indem er ihre melodischen Intervalle umdrehte, sondern verwendete sie auch rückwärts bzw. **krebsgängig**, indem er mit der letzten Note begann und mit der ersten aufhörte.

Alle diese Wendungen kamen auch schon in der polyphonen Musik des 16. Jahrhunderts vor. Der Unterschied zwischen der frühen Kontrapunktik und der Bachs besteht darin, daß der Thomaskantor seinen Kontrapunkt immer auf der

J. S. Bach

FUGE für drei Stimmen (»Das Wohltemperierte Clavier«, 1. Teil)

Bsp. 150

Grundlage kaum hörbarer Akkorde aufbaute. Deshalb bezeichnet man ihn zuweilen als **harmonischen Kontrapunkt**. In der *»Kunst der Fuge«*, die er gegen Ende seines Lebens schrieb, ging Bach in der wundersamen Verflechtung des fugierten Kontrapunkts weiter als jeder andere Komponist vor und nach ihm.

Teil X

Der Stil des späten 18. Jahrhunderts

Kapitel 42: Musik zur Unterhaltung

Das Jahr 1750, in dem Bach starb, markiert zugleich das Ende der Barockmusik. Zum Zeitpunkt seines Todes galt Bachs Stil bereits als altmodisch; schon zwei Jahre später sprachen die Musiker davon, sie müßten die unnützen Fesseln des Kontrapunkts abschütteln.

Während der letzten dreißig Lebensjahre Bachs diente ein großer Teil der Musik, die in Europa komponiert wurde, als Form der Unterhaltung. In jeder Stadt, die über ein Opernhaus verfügte, wurde eine Art *leichter Oper* gepflegt, die in jedem Land einen anderen Namen hatte. Die italienische **Opera buffa** war aus kurzen Stücken hervorgegangen, die zwischen den Akten einer ernsten Oper aufgeführt wurden. Diese Zwischenspiele, die **Intermezzi**, waren oft erfolgreicher als das Hauptwerk und entwickelten sich bald zu selbständigen komischen Opern.

In Frankreich begann die **Opéra comique** als **Vaudeville**, ein Unterhaltungsstück, in dem, verbunden mit Dialogen, populäre Lieder aneinandergereiht wurden. In Deutschland entwickelte sich das **Singspiel**; sein Gegenstück in England war die **Ballad Opera**. Das berühmteste Beispiel, *»The Beggar's Opera«*, enthielt Melodien aus Stücken von Purcell und Händel sowie aus beliebten Sammlungen englischer Volkstänze. Hier gab es kein Virtuosentum; die einfachen Lieder gefielen an sich und genügten durchaus als Abendunterhaltung.

Auch die Instrumentalmusik war heiter und »schön« zur Unterhaltung: Zuweilen verwendet man dafür die Bezeichnung **Rokoko**. Es gab kurze, illustrative Stücke für Cembalo, wie etwa Rameaus *»La Poule«*, bei dem das schnelle, trockene Staccato das Glucken der Henne nachahmt:

Bsp. 151

In Couperins *»Le Moucheron«* (Bsp. 152) umsurrt die kleine Fliege ständig die beiden gleichen Akkorde auf eine so beharrliche Weise, wie sie in der Kontrapunktik völlig unangebracht gewesen wäre.

Bsp. 152

Jedoch nicht nur in solch illustrativen Musikstücken wechselte die Harmonik ständig, auch in Domenico Scarlattis herrlichen einsätzigen Sonaten, die er selbst »Essercizi« nannte, gibt es ganze Perioden, die in einer Art und Weise auf der Grundlage von Tonika- und Dominantakkorden aufbauen, wie das für das späte 18. Jahrhundert typisch ist. In Telemanns Cembalostücken wird gleichfalls eine ganz andere Sprache gesprochen als in den Fugen, mit denen er groß geworden war:

Bsp. 153

Dieses Beispiel des **galanten Stils** weist verschiedene Merkmale der neuen Sonatenform auf: die klare, geradlinige harmonische Struktur der ersten Hälfte, die ausschließlich auf den »Primär«-Dreiklängen I, IV und V basiert; die Ausweichungen unmittelbar nach dem Doppelstrich; das Thema, das im Baß umgekehrt und sequenzierend verwendet wird; die Rückkehr zur Haupttonart mit Wiederholung des ursprünglichen Themas.

In diesem Stil komponierten etwa auch die Söhne Bachs, wobei sie die kurzen *galanten* Stücke zu Werken von der Länge der früheren Triosonaten ausdehnten:

Bsp. 154

Fantasia
Presto di molto

C. Ph. E. Bach

Das Orchester, für das die Bach-Söhne schrieben, bestand aus zwei Flöten (Querflöten, keine Blockflöten), zwei Oboen, zwei Fagotten, zwei Hörnern und Streichern. Die Melodieführung übernahmen fast immer die ersten Geigen. Ein Continuo zur Begleitung gab es nicht mehr, wobei die Figuration und die Arpeggien, die sonst das Cembalo übernommen hatte, nun den zweiten Geigen und den Bratschen anvertraut waren. Verdoppelung der Stimmen kam weitaus

Bsp. 155

Rondo
Presto

J. Chr. Bach

Hörner

weniger vor. Die Blasinstrumente stützten die Streicher, indem sie für ein solideres Fundament der Akkorde sorgten. Die Blechbläser spielten nicht mehr die höchsten Noten der Obertonreihe, sondern wechselten hinunter in die Mittellage, was wunderbar zu dem charakteristischen Wechselspiel zwischen Tonika und Dominante paßte, wie Bsp. 155 zeigt.

Die schnellen Sätze wurden wesentlich flotter gespielt als in der Barockmusik. Die Bezeichnung **Passage** war in Gefahr, ihre ursprüngliche Bedeutung als »irgendein kurzer Teil eines Werkes« zu verlieren, weil sie oft für einen Abschnitt verwendet wurde, der ein brillantes technisches Können voraussetzte. Rasche Läufe und Arpeggien schnellten voll virtuoser Energie hervor, und dahinplätschernde gebrochene Akkorde spielte man **»tremolando«**, so schnell wie Triller. Die Musik wurde häufig von Pausen unterbrochen. Die Dynamik verfiel auf dramatische, unvermittelte Weise von einem Extrem ins andere, und ein gelegentlich eingefügter, unerwarteter stummer Takt, den man **Generalpause** nannte, trug mit dazu bei, einem Höhepunkt besonderes Gewicht zu verleihen.

Zuerst experimentierte man mit dem neuen Orchesterstil in Mannheim, und etwa ab 1750 wurden Deutschland und Österreich die führenden Länder im Bereich der Instrumentalmusik.

Kapitel 43: Die Form des Sonatensatzes

Durch C. Ph. E. Bach und das Mannheimer Orchester lernte Haydn die **Sonatenform** kennen. Diese bezog sich lediglich auf den ersten Satz der Sonate, da das Schema nicht unbedingt auf die anderen Sätze angewendet werden mußte.

Bsp. 156 zeigt den ersten Satz einer **Sonatine**, d. h. einer

Sonatina
Allegro moderato

J. Haydn

Bsp. 156

»kleinen Sonate«, von Haydn, die einige Merkmale der Sonatenform aufweist, obwohl es sich nur um eine »Miniaturausgabe« handelt.

In einer **Sonate** folgt auf das **erste Thema**, das mit der Tonika einsetzt, eine kurze **Überleitung**, vergleichbar der Episode, die sehr zielstrebig zur Dominante moduliert. An diese Modulation, die oft durch dynamische Angaben und Pausen noch besonders betont wird, schließt sich das **zweite Thema** in der Dominante an. Dieses bildet einen Gegensatz: Ist das erste Thema entschlossen zupackend, so dürfte das zweite Thema eher sanft und lyrisch oder heiter und sprühend sein. Das zweite Thema führt zu einer weiteren nachdrücklichen Bestätigung der dominantischen Kadenz mit oft mehrfacher Wiederholung, so daß dem Hörer unmißverständlich klar wird, daß der erste Teil des Musikstücks vorbei ist. Diesen ersten Abschnitt nennt man **Exposition**. Am Schluß der Exposition steht ein Doppelstrich mit Wiederholungszeichen. Nach dem Doppelstrich folgt die **Durchführung**, die Teile des ersten und zweiten Themas aufgreift, sie durcheinanderwürfelt und in einem sich ständig verändernden Tongeflecht miteinander kombiniert, das sequenzartig von einer Ausweichung zur nächsten wechselt, wobei oft auf Stilmittel der Kontrapunktik wie Umkehrung und Diminution zurückgegriffen wird. Im Durchführungsteil gibt es kaum neue Melodien. Ökonomie ist angesagt, denn beim Hörer muß die Spannung erhalten bleiben, während die Musik in immer größerer Erregung auf ihren Höhepunkt zusteuert. Der Höhepunkt ist der Dominantakkord, der mit untrüglicher Sicherheit erreicht wird, nachdem zahllose Ausweichungen den Ausblick auf andere Tonarten eröffnet haben, ohne sich jedoch näher mit ihnen einzulassen. Dieser Dominantakkord ist nicht mehr der Schlüsselakkord wie noch beim Doppelstrich; er hat nun die Energie eines Dominantseptakkords, der sich zur Tonika auflösen will. Die eigentliche Auflösung ist der Augenblick, auf den das ganze Musikstück zustrebt: Es ist der Anfang der **Reprise**, wenn

das erste Thema zur ursprünglichen Tonika zurückkehrt. In der Reprise gibt es die gleiche Musik zu hören wie in der Exposition, nur setzt diesmal das zweite Thema mit der Tonika statt mit der Dominante ein. Die nachdrückliche Bestätigung der abschließenden Tonika-Kadenz wird manchmal zu einer **Coda** ausgedehnt, die nochmals verdeutlicht, daß der ganze Satz zu Ende geht.
Restlos zufriedenstellen können allgemeine Richtlinien für die »Sonatenform« nicht, da es keinen unfehlbaren Plan gibt, an den man sich von der ersten bis zur letzten Note halten kann. Jede Sonate besitzt ihre eigenen besonderen Merkmale, und man kann ihre Form nur studieren, indem man sich den Klang ihrer Musik genau einprägt.

Kapitel 44: Quartette, Sinfonien und Konzerte

Die Sonatenform wurde nicht nur bei Sonaten verwendet. Sie bildete auch die Form für alle ersten Sätze von **Sinfonien** (die wie Orchestersonaten angelegt waren), für alle Konzerte und für Werke der **Kammermusik**. Kammermusikensembles spielten eher in Zimmern als in Konzertsälen; sie waren direkte Nachfolger der Consorts des 16. Jahrhunderts. Die Triosonate gab es in der Kammermusik nicht mehr. Das Cembalo mit seinen angerissenen Saiten war bald nach Bachs Tod aus der Mode gekommen, und das neue Tasteninstrument, bei dem Hämmer verwendet wurden, war das **Fortepiano**, der »Urahn« unseres Klaviers. Der Name rührt daher, daß man auf ihm innerhalb einer kurzen Phrase sowohl laut als auch leise zu spielen vermochte. Auf dem Cembalo konnte man zwar *f* oder *p* anschlagen, war aber nicht in der Lage, die neuen dynamischen Vorschriften wie $<$ $>$ wiederzugeben. Auf dem Fortepiano konnten die Töne länger ausgehalten werden als auf dem Cembalo, und somit kam es ohne die Unterstützung eines

Streichinstruments aus, mit dem früher die Baßnoten verdoppelt wurden. Den Generalbaß benötigte man nun nicht mehr – in den neuen Sonaten für Violine und Klavier waren die beiden Instrumente gleichberechtigte Partner.

Das wichtigste unter den neuen Kammermusikensembles war das **Streichquartett** mit erster und zweiter Violine, Viola und Violoncello. Bei Haydns frühesten Versuchen mit dem Streichquartett hatten die Werke noch die gleiche Form wie die Stücke für Streichorchester im späten 18. Jahrhundert, wie etwa das **Divertimento** (frz. **Divertissement**), das aus einer Sammlung kurzer Sätze bestand, von denen einige an die Triosonate erinnerten, andere an die Tänze aus den Suiten; die **Kassation**, eine Art »Freiluft«-Divertimento; sowie die **Serenade** und das **Nocturne** (ital. **Notturno**), die so etwas wie eine Kassation für die Abendstunden darstellten.

Haydn konnte mit seinem eigenen Instrumentalistenensemble am Hof des Fürsten Esterházy nach Lust und Laune experimentieren, und so stellte er bald fest, daß es einer intimeren Form als der des Divertimento bedurfte, um der Zusammensetzung seines neuen Ensembles gerecht zu werden. Die vier Streicher saßen so, daß sie gegenseitig Blickkontakt hatten. In dieser Aufstellung war es ihnen auch möglich, einander aufmerksam zuzuhören und somit genußvoll einen instrumentalen Dialog mit scharfsinnigen Auseinandersetzungen und Randbemerkungen zu führen. Beim Austausch ihrer musikalischen Gedanken konnten sie einer unbegrenzten Vielfalt von Stimmungen Ausdruck geben, wobei sie sich dennoch an die gepflegte Förmlichkeit im Umgangsstil des ausgehenden 18. Jahrhunderts hielten.

Die Streichquartette und Sinfonien des 18. Jahrhunderts bestanden aus vier Sätzen, Sonaten und Konzerte hingegen aus drei. Der erste Satz war beinahe immer in einem schnellen Tempo. Der zweite, langsame Satz konnte gleichfalls die Sonatenform haben, aber auch ein Thema mit Variationen sein, ein Satz in Form einer Da-capo-Arie oder eine einfache liedhafte Melodie. In Streichquartetten und Sinfonien gab es zwischen dem langsamen und dem letzten Satz ein Menuett mit Trio. Dies war der einzige Tanzsatz, der in der Instrumentalmusik des 18. Jahrhunderts erhalten blieb. Das Trio war zwar nicht mehr nur für drei Instrumente gedacht, jedoch war es seinem Charakter nach meist heiterer als das Menuett.

Der letzte Satz, der sogenannte **Schlußsatz**, war beinahe immer der schnellste. Oft handelte es sich um ein **Rondo**, bei dem der erste Abschnitt nach jedem neuen Teil wiederholt wurde, wie es im Rondeau des 17. Jahrhunderts üblich war.

Bei den Konzerten wurde nicht mehr zwischen *Concertino-* und *Ripieno*-Instrumenten unterschieden. Mitunter gab es **Doppel-** oder **Tripelkonzerte** für zwei bzw. drei Solisten, meistens wurden sie jedoch für ein einzelnes Streich- oder Blasinstrument geschrieben oder für Fortepiano mit Orchesterbegleitung. Die verwendeten Melodien waren oft besonders typisch für das entsprechende Soloinstrument, wie man in Bsp. 157 sehen kann, das den Anfang des Schlußsatzes eines Hornkonzerts im typischen $^{6}/_{8}$-Rhythmus eines Jagdliedes zeigt.

Bsp. 157

Rondo
Allegro vivace

W. A. Mozart
(Konzert für Horn und Orchester KV 495)

Viele Sinfonien und Konzerte Mozarts wurden für die gleiche kleine Orchesterbesetzung geschrieben, für die auch die Söhne Bachs schrieben. Andere entstanden für größere Orchester, die auch über Klarinetten, Trompeten und Pauken verfügten. In den Konzerten war das Klangbild des Orchesters bei den Passagen des Solisten längst nicht so massiv; wenn er jedoch geendet hatte, setzte das ganze Orchester als »Tutti« ein.

Die Solisten mußten Virtuosen sein. Die brillanten Läufe und Arpeggien in der Musik waren wesentlich schneller als in den früheren *Concerti grossi*, und der Ton mußte entsprechend durchschlagskräftig sein, um sich gegenüber dem größeren Klangvolumen der Orchesterbegleitung behaupten zu können. Bei der Schlußkadenz des Solisten gab es eine Pause beim $^{6}_{4}$-Kadenz-Akkord, während der das Orchester in aller Ruhe abwartete, wie der Solist die Auflösung in einer Ad-libitum-Passage, der sogenannten **Kadenz**, verzierte.

Kapitel 45: Kirchenmusik und Oper der Wiener Klassik

Den Ausklang des 18. Jahrhunderts bezeichnet man häufig als die Zeit der **Wiener Klassik**, weil damals Genies wie Haydn und Mozart in Wien lebten, die ihrer Musik eine Ausgewogenheit verliehen, die man als »klassisch« verstand.

Sie komponierten nicht nur Sinfonien, Konzerte, Quartette und Sonaten, sondern auch Kirchenmusik und Opern. Haydns Oratorien standen in der Tradition Händels; er schrieb *»Die Schöpfung«*, nachdem er in London eine Aufführung des *»Messias«* gehört hatte. Seine Messen hatten jedoch nichts mit den Meisterwerken der Renaissance-Kontrapunktik gemein. Die Tradition der Polyphonie war ausgestorben, und die Komponisten des späten 18. Jahrhunderts hatten zur Musik für unbegleitete Stimmen derart den Bezug verloren, daß dem kleinen Mozart der »strenge«

Kontrapunkt aus einem Lehrbuch beigebracht wurde; dabei handelt es sich um den gleichen »Kontrapunkt der fünf Gattungen«, der noch heute einen Bestandteil von Tonsatzprüfungen bildet.

Die Messen Mozarts haben den gleichen ausdrucksvollen klassischen Stil wie die vom Orchester begleiteten Arien, Ensembles und Chöre seiner Opern. In der Oper fühlte sich Mozart am wohlsten. Er konnte von Glück sagen, daß die engen Grenzen, die die Opernkonvention des frühen 18. Jahrhunderts gesetzt hatte, nun überwunden waren. Gluck hatte eine »bewundernswerte Einfachheit« auf die Opernbühne gebracht. Die virtuose Technik stand nicht mehr so sehr im Vordergrund, die Arien waren schlichter, und der dramatische Ausdruck zielte auf Wahrheit. Als Mozart seine italienischen Opern schrieb, war es ihm möglich, Elemente der Komödie in seine Tragödien einzubauen und Tragisches in seine Komödien. Außerdem vermochte er jedem seiner Charaktere eine musikalische Individualität zu verleihen. Seine deutschen Opern lehnten sich an das »Singspiel« an, übertrafen jedoch alles bisher Dagewesene. In Mozarts Oper *»Die Zauberflöte«* ist die Musik ebenso tief und ausdrucksstark wie in seinen größten Instrumentalwerken. Jede Melodie ist unverkennbar »richtig«, und das Auf und Ab jeder Phrase ist, wie in Bsp. 158, wunderbar ausgewogen.

Andante moderato W. A. Mozart

Bsp. 158

Diese formale Ausgewogenheit läßt sich in der Musik der Klassik ebenso deutlich erkennen wie in der Architektur des 18. Jahrhunderts; eine Erkenntnis, die ein dauerhaftes Gefühl der Befriedigung verschafft.

Teil XI

Die Musik des 19. Jahrhunderts

Kapitel 46: Der Stilwandel von der Klassik zur Romantik

Zu Beginn des 19. Jahrhunderts bestand das Ideal, das man anstrebte, nicht mehr wie in der Klassik in der vollkommenen Ausgewogenheit der Form, sondern es wurde durch eine ganz andere Art von »Vitalität« ersetzt. Diese geht hauptsächlich auf Beethoven zurück, einen genialen Musiker, dessen leidenschaftliche Persönlichkeit ihn dazu antrieb, die stets kontrollierte Ausgewogenheit des späten 18. Jahrhunderts aufzubrechen.

Der Name Beethovens wird oft mit den Komponisten der Wiener Klassik in einem Atemzug genannt, weil er noch zu Lebzeiten Haydns in Wien arbeitete. Aber die stilistischen Unterschiede in ihrer Musik lassen sich schon in Beethovens 1. Sinfonie erkennen. In Haydns Orchester-Menuetten klang, selbst wenn sie zum Tanzen zu schnell waren, noch immer entfernt der entsprechende Satz aus der Suite des 18. Jahrhunderts nach. In Bsp. 159 jedoch jagt die Musik bei Beethovens neuem Menuett-Stil mit heftigem Ungestüm

Bsp. 159

Menuetto
Allegro molto e vivace

Beethoven
(1. Sinfonie op. 21)

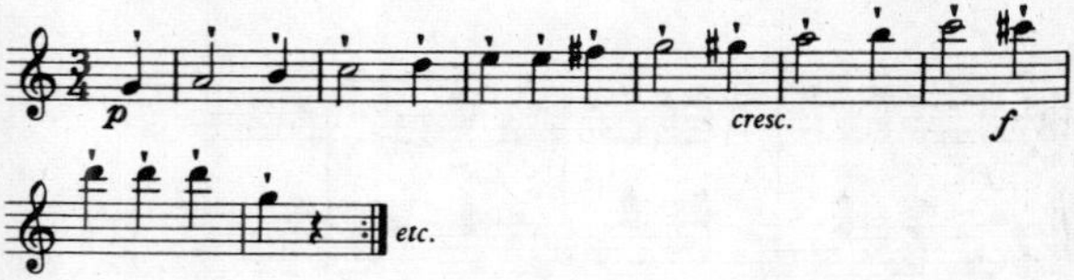

voran. Bald nachdem Beethoven dieses Stück komponiert hatte, wurde die Bezeichnung »Menuett« ungebräuchlich und der entsprechende Satz einer Sinfonie nun **Scherzo** genannt; seine $^3/_4$-Takt-Vorzeichnung wurde zu nur einer Zählzeit pro Takt umgeformt.
Noch frappierender war der stilistische Wandel bei der Sonatenform des ersten Satzes. Das Gerüst des 18. Jahrhunderts mit erstem und zweitem Thema, Durchführung und Reprise blieb zwar erhalten. Aber das erste Thema beschränkte sich selten auf eine bloße Themenaufstellung mit Tonika und Dominante, sondern entwickelte sich eher zu einem leidenschaftlich erregten Protest, der dem Hörer »an den Kopf geworfen« wurde. Nachdem man soviel emotionale Spannung in die Einleitungstakte gelegt hatte, war es unvermeidlich, daß die Durchführung das artige Zwiegespräch verließ, um wiederum in eine erregte Auseinandersetzung einzutreten, bei der jede Geste zu einem gewaltigen Aufruhr führen konnte.
Die höfliche Förmlichkeit gehörte der Vergangenheit an. Die eleganten Tänze des 18. Jahrhunderts waren samt der Perücke verschwunden, und in den Ballsälen des 19. Jahrhunderts borgten sich die Enthusiasten fröhliche Bauerntänze wie den **Ländler** aus. (In Bsp. 160 ist der Rhythmus

Bsp. 160

noch mit Beethovens bevorzugter dynamischer Angabe versehen, dem Sforzando.)

Bsp. 161 (zu S. 174)

Der energische Ländler entwickelte sich bald zum eleganten **Walzer**, der während des gesamten 19. Jahrhunderts zum beliebtesten Tanz überhaupt wurde. Beim Walzer hatte die Begleitung zur vier- bzw. achttaktigen Phrase eine Konsonanz bzw. Dissonanz in jedem Takt; man arbeitete fast immer mit einer Baßnote auf dem ersten Viertel mit wiederholten Akkorden auf dem zweiten und dritten, wie Bsp. 161 zeigt. Die chromatischen Harmonien des Wiener Walzers mit ihrer Wärme und lyrischen Überzeugungskraft sind typisch für die besten Werke der romantischen Musik im 19. Jahrhundert. Das enharmonische Schwanken ist zudem besonders kennzeichnend für Schubert. Seine Kadenzen können den Ausblick auf entfernte Tonbereiche eröffnen, ohne dabei selbst die Orientierung zu verlieren.
Nicht nur in seinen Walzern vermochte Schubert ungeheuer viel innerhalb weniger Takte auszusagen; seine **Lieder** sind im Umgang mit dem Material geradezu Wunder an Ökonomie. Die Melodien sind so schlicht wie Volkslieder, und dennoch findet jede nuancierte Stimmung der Gedichte ihren vollkommenen Ausdruck in der Musik.
Unter »Lied«, d. h. dem Kunstlied, versteht man eine bestimmte Art von Gesang mit Klavierbegleitung. Schubert war der erste, der bei diesen neuen Liedern Sänger und Pianist als gleichberechtigte Partner behandelte. Er entwickelte auch die Form des **Liederzyklus**, einer Sammlung einzelner Lieder, die miteinander zu einem einheitlichen Werk verbunden sind.

Kapitel 47: Illustrative Musik

Die neue Partnerschaft zwischen Sänger und Pianist in Schuberts Liedern wurde noch durch die Anschlags- und Tongebungsfinessen der neuen Klaviere des 19. Jahrhunderts unterstützt. Diese Instrumente stellten gegenüber dem frühe-

ren Fortepiano eine Weiterentwicklung dar; sie waren kraftvoller und besaßen eine größere Vielfalt an dynamischen Ausdrucksmöglichkeiten.
Schumann war einer der ersten Klavierkomponisten des 19. Jahrhunderts, der sich leidenschaftlich für die technischen Möglichkeiten des Instruments interessierte. Bsp. 162 ist reine Klaviermusik mit einem singenden Ton der rechten Hand und Legato-Arpeggien in der linken.

Bsp. 162

Bsp. 162 zeigt eines der vielen kurzen Stücke Schumanns mit einem anschaulichen Titel. Diese **Charakterstücke** waren mit der inhaltsbezogenen Musik des 18. Jahrhunderts entfernt verwandt, jedoch drückten sie im 19. Jahrhundert eher ganz persönliche Gefühle aus und erhielten Titel wie »Träumerei«, »Erster Verlust« oder »Armes Waisenkind«. Allgemeinere Titel, die Schumann und komponierende Pianisten wie Chopin, Mendelssohn, Brahms und Liszt verwendeten, waren **Lieder ohne Worte**, mit einer liedhaften Melodie in der rechten Hand; **Moment musical**, ein kurzes lyrisches Stück; **Impromptu**, ein leidenschaftliches Stück (aber keine Improvisation); **Bagatelle**, ein unbeschwertes Musikstück (nach dem französischen Wort für »Kleinigkeit«); **Capriccio** und **Humoreske**, kapriziöse Stücke mit häufigen Stimmungswechseln; **Nocturne**, ein kurzes traumartiges Stück, oft mit einer melancholischen Melodie über einer Arpeggio-Begleitung; **Novellette**, ein inhaltsreiches Stück, dem eine Geschichte zugrunde liegt; **Ballade**, ein dramatisches (oder auch melodramatisches) Stück mit einem lyrischen Mittelteil. Eine **Fantasie** war nicht mehr kontrapunktisch angelegt wie im 16. Jahrhundert, sondern ein phantastisches oder traumartiges Musikstück. Die **Rhapsodie** wurde ebenso frei gestaltet wie die Fantasie, konnte aber auch etwas von der überschwenglichen Dramatik der Ballade haben. Die Bezeichnung **Scherzo**, die nichts mit dem sinfonischen Scherzo gemein hatte, wurde für ein Stück in Balladenform verwendet. Die Begriffe **Präludium** bzw. **Prélude** und **Intermezzo** verloren in der Klaviermusik des 19. Jahrhunderts ihre ursprüngliche Bedeutung. Auf ein Prélude folgte kein weiteres Stück, und auch das Intermezzo war nicht mehr in irgendwelche Nummern eingebettet.

Es gab auch illustrative Werke für Orchester. Der **Ouvertüre** begegnete man nun auch – unabhängig von der Oper – als Konzertstück. Mendelssohns *»Sommernachtstraum-Ouvertüre«* entstand als Einleitung zu Shakespeares Theaterstück, aber seine *»Hebriden-Ouvertüre«* war eine eigenständige Orchesterkomposition.

Sinfonische Dichtungen bzw. **Tondichtungen** waren einsät-

zige Orchesterwerke, die auf einer literarischen Vorlage beruhten.
Instrumentalmusik, die eine Geschichte beschreibt oder eine Naturszene schildert, nennt man **Programm-Musik**. Viele Komponisten des 19. Jahrhunderts schrieben lieber ein Charakterstück als eine Sonate oder lieber eine sinfonische Dichtung als eine Sinfonie, weil der Stil der Programm-Musik eher dem *romantischen Empfinden* der Zeit entsprach.
Der Begriff **Romantik** beinhaltet laut Wörterbuch »Phantasie« und »Leidenschaft«, aber diese Eigenschaften gehören zu großen musikalischen Werken in jeder Generation. Die romantische Musik des 19. Jahrhunderts unterscheidet sich nicht nur in Form und Struktur erheblich von der klassischen Musik des 18. Jahrhunderts, sondern auch in ihrer Tonsprache.
Nun brachen die Komponisten auch mit der Gepflogenheit des 18. Jahrhunderts, Musikstücke auf Bestellung zu schreiben, und brachten in der Musik vorzugsweise ihre eigenen persönlichen Empfindungen zum Ausdruck. Jeder Komponist leistete seinen individuellen Beitrag zum romantischen Empfinden seiner Zeit.
Eines der wesentlichsten Merkmale des romantischen Stils ist eine Vorliebe für die **Chromatik**. Chromatische Tonleitern sind auf dem Klavier sehr leicht zu spielen, und schon bald waren die komponierenden Pianisten vollauf damit beschäftigt, höchst farbenreiche Passagen zu schreiben, in denen jede erdenkliche Halbtonlücke mit chromatischen Akkorden ausgefüllt wurde, wie in Bsp. 163.

Bsp. 163

In der Orchestermusik führte die Chromatik zu Veränderungen beim Bau von Blechblasinstrumenten, und um die Mitte des 19. Jahrhunderts waren Hörner und Trompeten nicht mehr nur auf die Noten der Obertonreihe beschränkt, sondern man konnte auf ihnen, wenn es auf einen Höhepunkt zuging, nun auch chromatische Crescendi ausführen. Vor allem die chromatischen Passagen für die Blechbläser trugen dazu bei, die emotionale Spannung während der langen Akte in den Opern des 19. Jahrhunderts aufrechtzuerhalten.

Kapitel 48: Romantische Oper, Musikdrama und Ballett

Die deutsche **romantische Oper** nahm ihren Anfang mit den Zauber- und Schreckensszenen in Webers *»Der Freischütz«*. Die romantischen Libretti gingen auf Sagen aus der deutschen Geschichte oder dem Volksgut zurück. Bei der Entwicklung des dramatischen Geschehens spielten Hexen, Ungeheuer und Unwetter eine wichtige Rolle, und die Handlung erweckte bei den Zuschauern nicht selten patriotische Empfindungen.
Unter den deutschen Opernkomponisten des 19. Jahrhunderts war Richard Wagner der fortschrittlichste: Um die Jahrhundertmitte gab er sich mit der nach Schablone ablaufenden romantischen Oper nicht länger zufrieden und entwickelte seine eigene Theorie von der Oper als **Musikdrama**, in dem alle Kunstgattungen zu einer neuen Form verschmelzen. Er teilte die Musik nicht mehr in Arien und Rezitative ein. Die Worte, die in freiem Rhythmus gesungen wurden, gaben nun die »äußere Handlung« des Geschehens wieder, während das Orchester die Gefühle bzw. die »innere Handlung« des Dramas zum Ausdruck brachte. Die Orchestermusik zog sich ununterbrochen durch jeden Akt,

ohne irgendwelche Doppelstriche, die das Ende eines Abschnitts markierten, und ohne eine vollständige Kadenz, die einen Schlußpunkt setzte.
Die Akte der Wagner-Opern waren lang, die zeitlichen Dimensionen wurden enorm ausgedehnt. Das Orchester war größer und durchschlagskräftiger als je zuvor, und die Sänger mußten sich gegenüber der anhaltenden Klangflut und den kraftvollen Ausbrüchen ihrer »Begleitung« behaupten. Die musikalische Form blieb durch die Verwendung von **Leitmotiven** gewahrt, bei denen es sich um kurze Grundthemen handelte, die jeweils für bestimmte Personen, Situationen oder abstrakte Begriffe standen.

Bsp. 164

Vorspiel zu »*Tristan und Isolde*« Wagner
Langsam und schmachtend

Das berühmteste aller Leitmotive Wagners stammt aus dem Vorspiel zu *»Tristan und Isolde«*; es ist für die Gefühlsintensität seiner Harmonik mit ihren Sequenzballungen und den langgezogenen chromatischen Durchgangstönen charakteristisch. Die übermäßige Sexte im zweiten Takt des Bsp. 164 ist nicht neu: Schon mehr als hundert Jahre zuvor hat Bach dieses Intervall in seinen geistlichen Werken verwendet. Bei Bach führte es jedoch zur Auflösung einer vollständigen Kadenz, während in Bsp. 164 ein »unbefriedigter«, unaufgelöster Dominantseptakkord folgt.

Die **unaufgelösten Dissonanzen** in Wagners Musik und seine sogenannte »unendliche Melodie« beeinflußten viele Komponisten des späten 19. Jahrhunderts, die deshalb ihre früheren Vorstellungen von musikalischer Form aufgaben. Einige freilich vermochten sich seiner Faszination sehr wohl zu entziehen. Verdi schrieb weiterhin großartige Opern ohne irgendwelche Leitmotive oder unaufgelöste Dissonanzen, und obwohl er sich gegen Ende seines Lebens von der »Nummernoper«, jenem Erbe der alten neapolitanischen Tradition, abwandte, blieb der Glanz des Belcanto in seinen herrlichen Melodien lebendig.

Tschaikowsky war ein weiterer Komponist, auf den die Leitmotivtechnik keinen Einfluß ausübte: In seinen gegen Ende des Jahrhunderts entstandenen Opern und Balletten hört man Melodien, die ebenso unverkennbar sind wie die Arien Mozarts.

Das **Ballett** wäre im 19. Jahrhundert ohne klar vorgegebene Tonfolgen undenkbar, beruhte es doch auf einem Grundmuster einzelner Bestandteile wie dem **Pas de deux**, dem **Pas de six** und dem **Pas d'action**. Die Terminologie des Balletts stammt aus dem Französischen, da die ersten Ballette aus Frankreich kamen. Die **Choreographen**, die die Tanzschritte und -figuren entwarfen, verwendeten verschiedene italienische Musikbegriffe, denen sie jedoch eine andere Bedeutung gaben: So ist beispielsweise »Adagio« die Bezeichnung für den langsamen Pas de deux, den die Primaballerina auf dem Höhepunkt des Balletts mit ihrem Partner tanzt; »Allegro« wird hingegen für rasche Drehungen und Sprünge »in der Luft« verwendet. Der Begriff »Variation« wird nicht im musikalischen Sinne gebraucht, sondern bezeichnet einen Solotanz.

Im Ballett des 19. Jahrhunderts waren einige dieser Bestandteile – bzw. »Nummern« – **Nationaltänze** aus Spanien, Ungarn oder Rußland, aber obwohl sie auf Volksweisen zurückgingen, war ihre musikalische Verarbeitung keineswegs primitiv. Als Tschaikowsky im *»Nußknacker«* den russischen »Trepak« oder in *»Schwanensee«* den ungarischen »Csárdás« einführte, schöpfte er die Möglichkeiten des großen Orchesters voll aus.

Teil XII

Das moderne große Orchester

Kapitel 49: Holzbläser

Die vier Hauptgruppen der Instrumente des **großen Orchesters** sind **Holzbläser, Blechbläser, Schlaginstrumente** und **Streicher**. In dieser Reihenfolge stehen sie auch in der **Partitur**, wobei die Seite oben mit dem höchsten Holzblasinstrument beginnt und hinuntergeht bis zum tiefsten Streichinstrument.

Die **Holzbläsergruppe** besteht beim großen Orchester normalerweise aus zwei Flöten und Piccolo, zwei Oboen und Englischhorn, zwei Klarinetten und Baßklarinette sowie zwei Fagotten und Kontrafagott. (Bei den folgenden Einzelangaben über den Tonumfang dieser Instrumente wird immer die höchste mögliche Note angegeben. Diese extremen Töne werden jedoch sehr selten gespielt. Der übliche Tonbereich liegt etwa bis zu einem Viertel unterhalb des Spitzentons.)

Die **Flöte** hat einen Tonumfang vom c′ (bzw. b) bis zum c′′′′. In der tiefsten Oktave klingen die Töne nicht sehr deutlich; je höher sie liegen, um so klarer und durchschlagskräftiger werden sie.

Das **Piccolo**, die »kleine Flöte«, reicht vom d′′ zum c′′′′′. Die Piccolostimme wird eine Oktave tiefer notiert, als sie klingt, um zu viele Hilfslinien zu vermeiden. Der höchste Ton des Piccolo ist sehr schrill und durchdringend.

Gelegentlich wird auch die **Baßflöte** in Orchestern verwendet. Ihre tiefste Note ist das g. Notiert wird sie eine Quarte höher, als sie klingt, um dem Spieler die Umstellung von der normalen Flöte auf die Baßflöte zu erleichtern (dann muß er keinen anderen Fingersatz lernen).

Instrumente, die anders notiert werden, als sie tatsächlich klingen, nennt man **transponierende Instrumente**. Die Spieler von transponierenden Instrumenten bezeichnen den eigentlichen *Klang* der Noten auf dem Papier als *Stimmton*. (So ist beispielsweise bei der Baßklarinette das g als c′ notiert.)

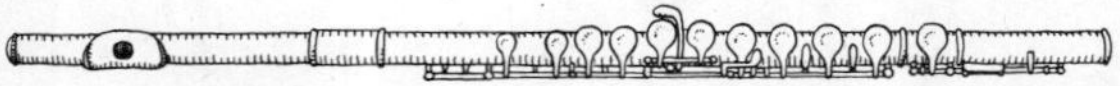

Querflöte

Oboe

Der Tonumfang der **Oboe** reicht vom b bis zum g‴. Ihr etwas näselnder Klang, der in der Mittellage wunderbar ausdrucksvoll ist, wird in den hohen Lagen dünner. Es ist schwierig, die tiefen Töne weich zu blasen.
Die Altoboe ist das **Englischhorn** bzw. **Cor anglais**. (Möglicherweise stammt der Name von der *Oboe da caccia*, der »Jagdoboe«, des 18. Jahrhunderts, einem gekrümmten Instrument, das dem englischen Jagdhorn ähnelte.) Sein Tonumfang liegt eine Quinte unter dem der Oboe. Das Englischhorn ist ein transponierendes Instrument: Es wird eine Quinte höher notiert, als es klingt, um es dem Oboisten zu ermöglichen, von einem Instrument zum anderen zu wechseln.
Die **Klarinette** verdankt ihren Namen den hohen »Clarino«-Trompetenstimmen des frühen 18. Jahrhunderts. Es gibt sie in zwei Ausführungen: Die etwas längere hat einen Tonumfang, der einen Halbton tiefer liegt als der der anderen. Die Klarinettisten haben bei Auftritten stets beide Instrumente bei sich, so daß sie je nach der Tonart, in der die Musik steht, das Instrument wechseln können. Beide sind

transponierende Instrumente. Die kürzere ist die **Klarinette in B**: Das notierte c′ klingt einen Ton tiefer (b). Das längere Instrument ist die **Klarinette in A**: Das notierte c′ klingt eineinhalb Töne tiefer (a). Der *notierte* Tonumfang beider

Englischhorn (modern) *Klarinette* *Baßklarinette*

Klarinetten reicht vom e zum a‴. Der Ton der tiefsten Oktave, der sogenannte **Chalumeau**, kann melancholisch oder geheimnisvoll klingen. Die beiden höheren Oktaven haben einen klaren Ton, brillant oder zart, je nach Stimmung und Dynamik des Musikstücks. Die höchsten Töne

sind schrill und brauchen die Unterstützung des gesamten Orchesters.
Die **Baßklarinette in B** wird wie die gewöhnliche B-Klarinette notiert, klingt aber eine Oktave tiefer. Die tiefen

Fagott

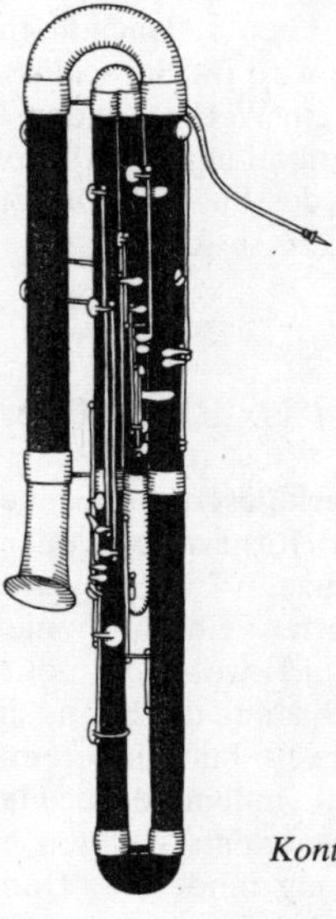

Kontrafagott

Noten aller Klarinetten stehen im Violinschlüssel, selbst wenn man dazu viele Hilfslinien benötigt.
Es gibt noch eine kleine, hohe Klarinette, deren Tonbereich eine Quarte höher klingt als bei der Klarinette in B. Es handelt sich um die **Klarinette in Es**, die gelegentlich in ganz großen Orchestern verwendet wird. (Eigentlich ist sie in der **Militärkapelle** zu Hause, wo sie zu den wichtigsten Instrumenten gehört.) Ihr notiertes c′ klingt eine kleine Terz höher (es′).

Das **Fagott** ist der Baß in der Familie der Oboen. Der Tonumfang reicht vom B zum d″. Seine tiefsten Töne sind sehr klangvoll; sie lassen sich unmöglich schnell oder weich spielen. Die hohen Töne wirken hingegen dünn; spielt man sie staccato, können sie flink und unbeschwert klingen, im Legato eher melancholisch und unheimlich. Die Fagottstimme wird im Baßschlüssel notiert; für die hohen Noten erfolgt ein Wechsel in den Tenorschlüssel.
Der Tonumfang des **Kontrafagotts** liegt eine Oktave tiefer als der des Fagotts. Die Stimme wird eine Oktave höher notiert, als sie klingt.

Kapitel 50: Blechbläser

Die **Blechbläsergruppe** eines Orchesters besteht gemeinhin aus vier Hörnern, zwei oder drei Trompeten, drei Posaunen und Tuba.
Das **Horn** ist ein transponierendes Instrument. Es steht fast immer in F, wobei das notierte c′ eine Quinte tiefer klingt. Die **Naturtöne** des Horns sind die Noten der Obertonreihe. Vor dem 19. Jahrhundert erzeugten die Hornisten die anderen Töne, indem sie eine Hand in die glockenartige Öffnung des Instruments steckten und den Klang teilweise an der Entfaltung hinderten. Dadurch veränderten sie die Tonhöhe. Dennoch waren diese **Stopftöne** nicht sonderlich befriedigend, denn ihr Klang war schwach. Im späten 18. Jahrhundert wurde ein kleines zusätzliches Blasrohr, ein sogenannter **Stimmbogen**, in das Horn eingefügt, um die Tonlage der Obertonreihe an jede beliebige Tonart anzupassen. Haydn und Mozart genügte dies, aber die auf Chromatik bedachten Komponisten des 19. Jahrhunderts gaben sich damit nicht zufrieden. Die Instrumentenbauer fügten deshalb noch **Ventile** hinzu, kurze Röhrchen, die vorübergehend die Tonhöhe jeder Note erniedrigen konn-

ten. Dadurch war es nun möglich, auf dem Horn eine chromatische Tonleiter zu spielen, die vom Fis zum c''' reichte. Im Orchester werden die Hornisten paarweise geteilt: Bei vier Hörnern übernehmen das erste und dritte die hohen

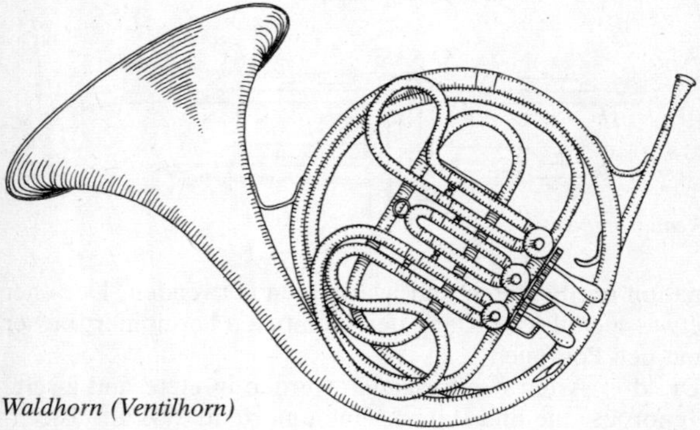

Waldhorn (Ventilhorn)

Töne und das zweite und vierte die tiefen. Die Stimmen sind im Violinschlüssel notiert. Die ganz tiefen Töne stehen im Baßschlüssel – in der Oktave, in der sie auch erklingen (bei Musikstücken, die vor Mitte des 19. Jahrhunderts entstanden, wurden sie eine Oktave zu tief notiert.)

Trompeten sind Instrumente in einer höheren Lage als die Hörner, und durch ihre Form haben sie einen glanzvolleren und schärferen Ton. Es gibt B-, C- und D-Trompeten. Von diesen ist die B-Trompete am gebräuchlichsten. Bei frühen Kompositionen waren die Trompetenstimmen in C notiert, so daß sie gegebenenfalls transponiert werden mußten. Heute schreibt man sie in der Tonlage, in der sie auch erklingen. Mit Hilfe von Ventilen gibt die Obertonreihe den Trompeten einen Tonumfang, der vom fis bis zum c''' reicht. Die Trompetenstimme wird im Violinschlüssel notiert.

In Partituren stehen die Trompeten unter den Hörnern, obwohl sie eine höhere Tonlage haben. Das liegt daran, daß die weiche Tongebung der Hörner gut zu den Holzblasinstrumenten paßt, so daß die Komponisten sie oft in Kombi-

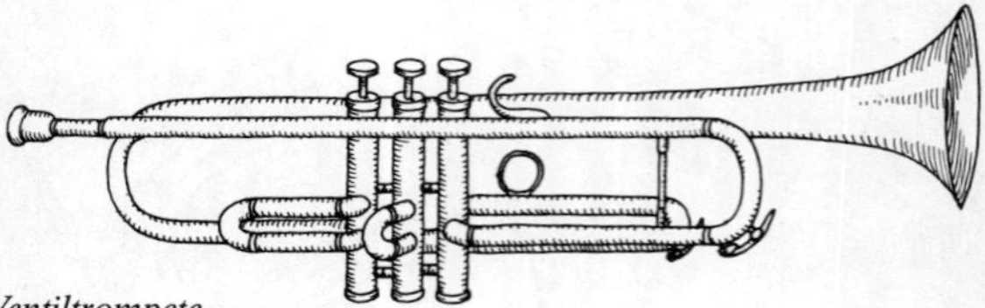

Ventiltrompete

nation mit Fagotten und Klarinetten verwenden. Der eher etwas metallische Klang der Trompeten harmoniert besser mit den Posaunen.

Die drei Arten der **Posaunen** werden in erste und zweite Tenorposaune und Baßposaune unterteilt. Wie alle Blechblasinstrumente verfügt die Posaune über die Naturtöne der

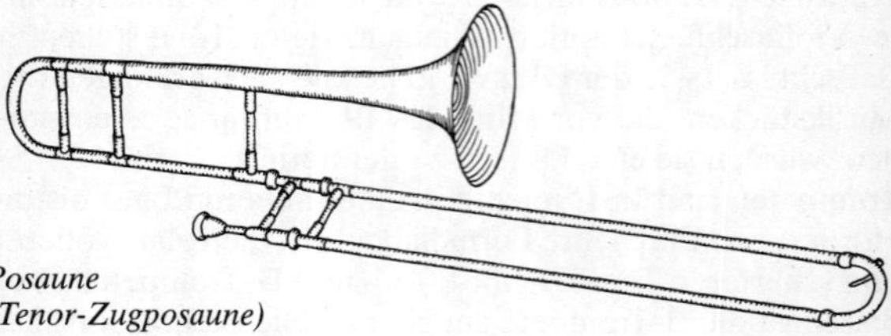

Posaune
(Tenor-Zugposaune)

Obertonreihe. Lange vor Entwicklung der Ventile konnte man auf der Posaune die übrigen Noten mit Hilfe eines Zusatzstücks, des sogenannten **Stimmzugs**, erzeugen, indem man diesen beim Spielen heraus- oder zurückzog.

Der Tonumfang der **Tenorposaune** reicht von E bis zum b′. In einer Partitur teilen sich die erste und zweite Posaune ein

Liniensystem. Sie stehen entsprechend der Tonlage im Violin- bzw. Baßschlüssel.
Der Tonumfang der **Baßposaune** liegt eine Quarte tiefer als der der Tenorposaune. Notiert wird sie im Baßschlüssel. In der Partitur findet man sie oft im gleichen Liniensystem wie die **Tuba**. Dies ist keine sehr glückliche Lösung, da die Tuba ein völlig anderer Instrumententyp ist; ihr sanfter, weicher Ton ähnelt eher dem des Horns.

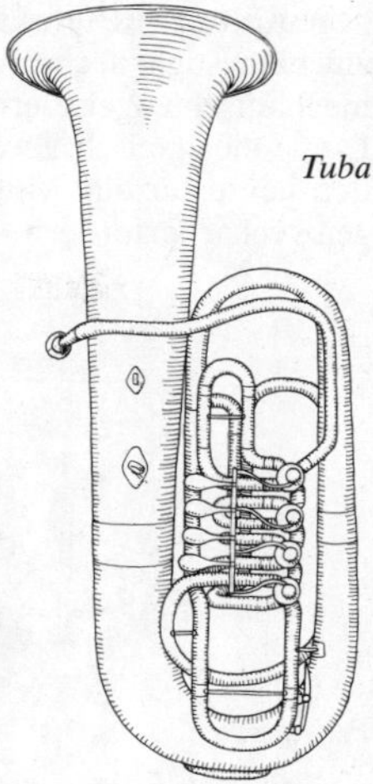

Tuba

Die Tuba sollte man eigentlich als **Baßtuba** bezeichnen, denn in **Blechblaskapellen** gibt es noch andere Tuben unterschiedlicher Größe. Die Baßtuba mit Ventil, die wir in unseren Orchestern finden, hat einen Tonumfang vom D bis zum as′. Sie ist im Baßschlüssel notiert mit dem Zusatz 8va-----' für die tiefsten Noten.

Kapitel 51: Schlaginstrumente, Celesta und Harfe

Die wichtigsten **Schlaginstrumente** sind die **Pauken** bzw. Kesselpauken. Sie werden fast nie einzeln verwendet: Im 17. und 18. Jahrhundert setzten die Komponisten zwei Pauken unterschiedlicher Größe ein, von denen die eine in der Tonika gestimmt war, die andere in der Dominante. (Sie lassen sich in jeder beliebigen Tonart stimmen, denn der Paukist kann die Tonlage seiner Instrumente einstellen, indem er die Spannung des Schlagfells erhöht oder senkt.) Mitte des 19. Jahrhunderts kam eine dritte Pauke hinzu, und gegen Ende des Jahrhunderts verlangten die Komponisten zuweilen sogar sechs. Man entwickelte ein Pedal, das es auf mechanische Weise ermöglichte, die Tonlage zu wechseln. Diese mechanisch geregelten **chromatischen Pauken** werden heute für alle Musikstücke verwendet, die rasche Lagenwechsel erfordern. Paukenschlegel haben Filzköpfe, die

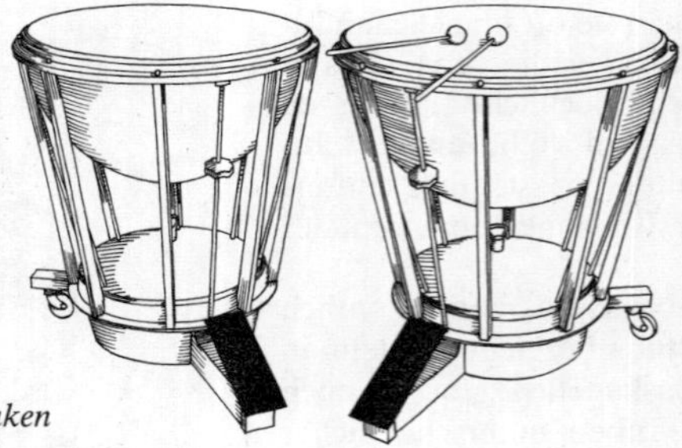

Pedalpauken

es ermöglichen, im Klang vom Fortissimo eines Gewittersturms zum Pianissimo eines weit entfernten Säuselns zu variieren. Die Paukenstimme ist im Baßschlüssel notiert und hat jetzt auch Tonartvorzeichen.

Weitere Schlaginstrumente mit festgelegter Tonhöhe sind das **Glockenspiel**, ein simples »Tasteninstrument« mit Stahlplättchen, die mit hölzernen Klöppeln angeschlagen werden (Tonumfang: c″ bis c″‴, zwei Oktaven tiefer notiert), und das **Xylophon**, eine Art hölzernes Glockenspiel (Tonumfang: c′ bis c″″, nicht transponierend).

Röhrenglocken sind Metallröhren, die in einem Rahmen hängen und mit einem Hammer angeschlagen werden. Mit ihnen kann man den Klang von Kirchenglocken nachahmen (Tonumfang: c′ bis f″). Sie sollen zwar eine »bestimmte Tonhöhe« haben, und ihre Grundtöne werden auch sorgfältig gestimmt, aber der tatsächliche Klang, den man nachher hört, ist eine Mixtur von »Zusatz«-Tönen. Das liegt daran,

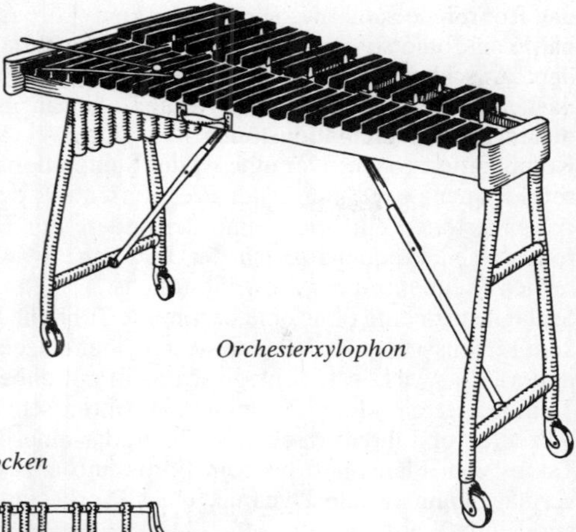

Orchesterxylophon

Röhrenglocken

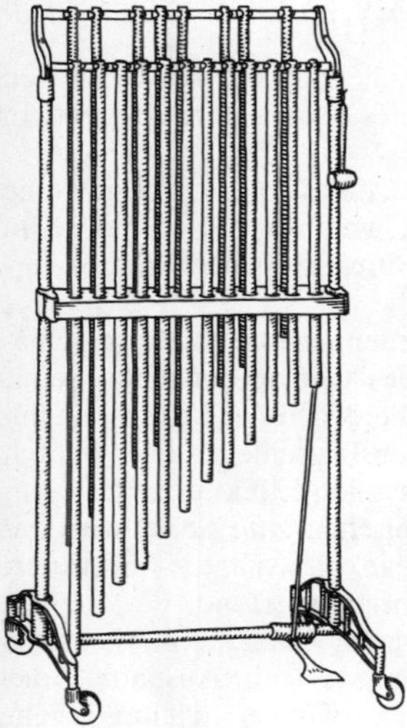

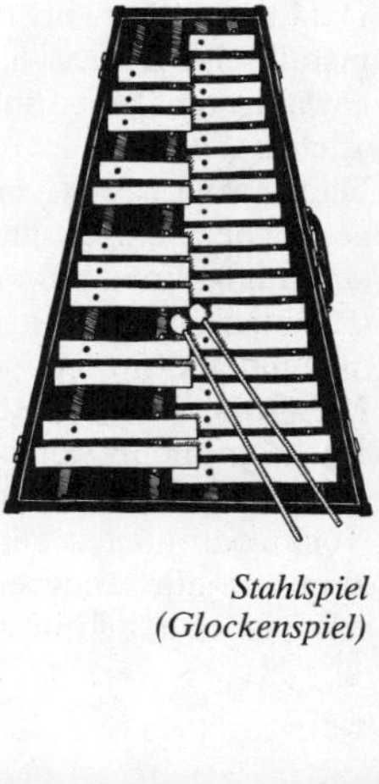

Stahlspiel
(Glockenspiel)

daß Röhrenglocken – wie Kirchenglocken – hörbar obertonhaltig sind und so resonanzfähig, daß sie noch lange nach dem Anschlagen nachhallen. Schlägt man zwei Glocken nacheinander an, schwellen ihre Klangwellen an und verbinden sich zu **Kombinationstönen**. (Es gibt zwei Arten von Kombinationstönen: Der eine ist der **Summationston**, dessen Frequenz der Summe der Frequenzen aus den beiden Ausgangstönen entspricht, und der andere der **Differenzton**, dessen Frequenz gleich der Differenz zwischen den beiden Frequenzen der Ausgangstöne ist.)

Schlaginstrumente ohne eine bestimmte Tonhöhe brauchen kein Liniensystem, so daß man sie auf einer einzelnen Linie notiert. Das wichtigste Schlaginstrument mit unbestimmter Tonhöhe ist die **kleine Trommel**. Mit ihren schnarrenden Akzenten und ihrem raschen Wirbeln, das innerhalb eines Taktes vom Pianissimo bis zum Fortissimo anzuschwellen vermag, kann sie die Dynamik eines Werkes auf brillant anregende Weise beeinflussen.

Das **Tamburin** hat einen schellenartigen Ton, der den Rhythmus eines Tanzes bzw. eines Bebens mit aufregendem Tremolo zu markieren vermag.

Der **Triangel** hat eine hohe Lage, und sein Klang besitzt eine metallische Durchschlagskraft, wodurch er sich selbst im gewaltigsten Tutti-Einsatz des Orchesters noch Gehör verschafft.

Die **Becken** bzw. **Cymbeln** werden gegeneinander geschlagen, wobei ein furchterregendes Getöse entstehen kann, oder man nimmt nur einen der beiden Teller und schlägt ihn tremolierend mit einem weichen Filzschlegel an, wodurch man einen düsteren, geheimnisvollen Effekt erzielt.

Die **große Trommel** (im Italienischen *gran cassa*) wird mit einem großen, weichen Schlegel geschlagen; ihr tiefer, dumpfer Ton ist durchaus ehrfurchtgebietend.

Noch bedrohlicher klingt jedoch der **Gong**. Sein Fortissimo übertönt alle anderen Instrumente (mit Ausnahme der schrillen hohen Töne des Piccolo). Wird er zu laut gespielt,

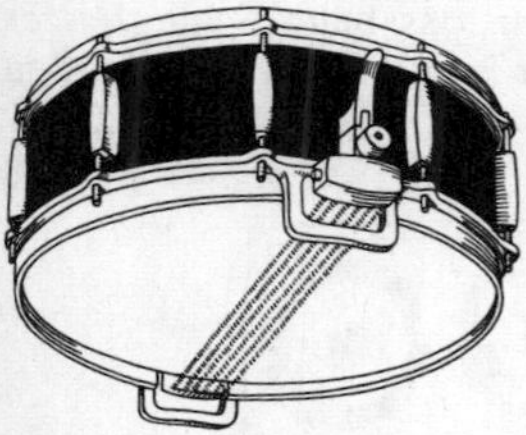

Schnarrtrommel (Kleine Trommel)

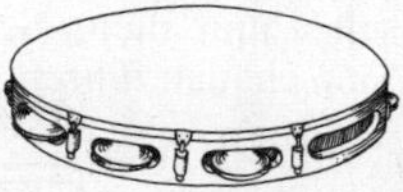

Schellentrommel (Tamburin)

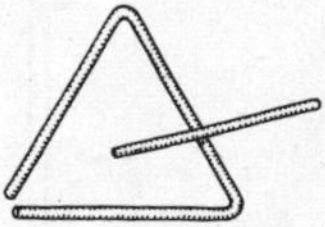

Triangel

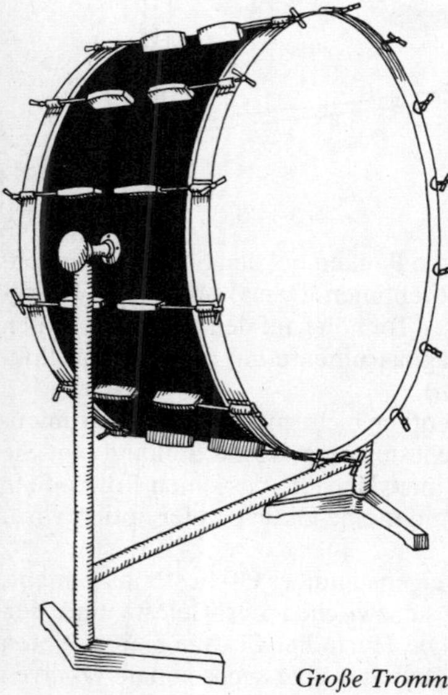

Große Trommel im Drehgestell

Beckenpaar

über der »Schmerzgrenze«, kann das beim Schlagzeuger selbst und allen, die sich zu sehr in der Nähe befinden, zu Hörschäden führen.

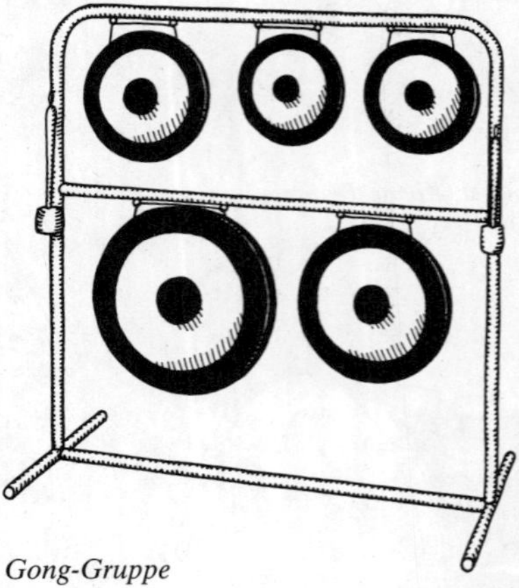

Gong-Gruppe

In der Partitur stehen die Pauken bei den Schlaginstrumenten auf den obersten Notenlinien. Dann kommen die Instrumente mit unbestimmter Tonhöhe auf den einzelnen Linien und darunter die Schlaginstrumente mit »Tastatur« (Glokkenspiel und Xylophon).

Die **Celesta** gehört eigentlich nicht zu den Schlaginstrumenten; sie nimmt im Orchester eine eigene Stellung ein. Sie ähnelt einem sehr kleinen Klavier, das einen Tonumfang vom c′ bis zum c′′′′′ hat, der eine Oktave tiefer notiert wird, als er klingt.

Auch die **Harfe** ist ein eigenständiges Orchesterinstrument. In der Partitur steht sie zwischen der Celesta und den Streichinstrumenten. Die Harfe hat für alle sieben Noten der diatonischen Dur-Tonleiter über sechseinhalb Oktaven

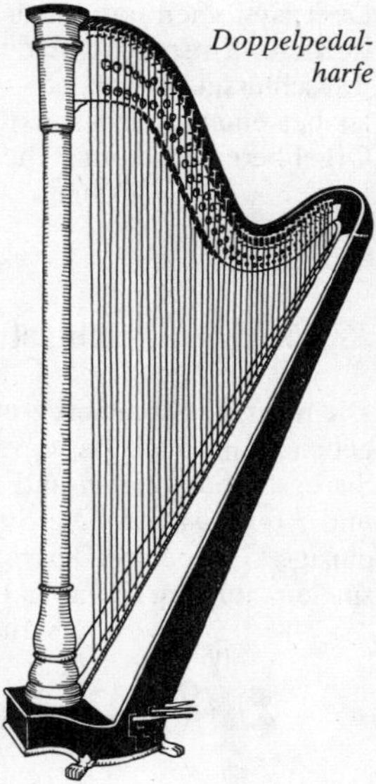

Doppelpedalharfe

je eine Saite. Gestimmt ist sie in H-Dur und verfügt über einen Tonumfang vom H bis zum ges''''. Sie hat sieben Pedale, mit denen man alle sieben Noten jeder Oktave quasi »im Griff« hat: Mit einer einzigen Fußbewegung kann man alle H zu C auflösen, mit einer zweiten Bewegung erhöht man sie um einen Halbton zu Cis. Durch diese Regulierung mit »doppelter Wirkung« kann man in jeder beliebigen Dur- oder Moll-Tonart spielen.

Indem der Harfenist (oder meist die Harfenistin) mit den Händen über die Saiten gleitet, lassen sich Tonleitern viel schneller spielen als durch bloßes Zupfen. Dieses Gleiten nennt man **Glissando**. Mit Hilfe von enharmonischer Stimmung ist es möglich, Glissando-Akkorde zu spielen: So kann beispielsweise der verminderte Septakkord auf C auf der Harfe dadurch erzeugt werden, daß man die sieben Saiten auf C, Dis, Es, Fis, Ges, A und His/C einstellt. Andere mögliche Glissando-Passagen umfassen die **Ganztonleiter**, in der es keine Halbtöne gibt. Diese Tonleiter läßt sich schwer singen oder auf einem Instrument spielen, auf dem man jeden Ton erst »finden« muß, denn unser relatives Gehör ist normalerweise an eine Verbindung von Ganz- und Halbtönen gewöhnt. Auf der Harfe, die enharmonisch gestimmt ist, kann man jedoch leicht C, D, E, Fis, Gis, As und B spielen.

Die Harfenstimme wird wie die Klaviermusik auf zwei

Liniensystemen notiert, die mit einer Klammer verbunden werden. Entsprechend der Tonlage werden Violin- und Baßschlüssel verwendet.
Ist bei einem Orchesterstück auch ein Klavier oder eine Orgel beteiligt, dann stehen diese in der Partitur unter der Harfe.

Kapitel 52: Streichinstrumente

Die normale **Streicherbesetzung** eines Orchesters kann gegebenenfalls auch als separates **Streichorchester** auftreten. Sie besteht aus *ersten* und *zweiten Geigen, Bratschen, Celli* und *Kontrabässen*. Die Streicher bilden im Orchester die einzige Gruppe, bei der viele Instrumentalisten das gleiche spielen müssen. Zwar geben manche Komponisten dem ersten Geiger, Bratschisten, Cellisten oder Kontrabassisten zuweilen eine Solopassage, aber die meiste Zeit spielen sie mit ihren Kollegen gemeinsam, sitzen paarweise zusammen und teilen sich ein **Notenpult**.
Die **ersten** und **zweiten Geigen** benutzen Instrumente von gleicher Größe, wobei die vier leeren Saiten in g, d′, a′ und e″ gestimmt sind und der Tonumfang der gegriffenen Töne vom gis aus so hoch reicht, wie das menschliche Ohr zu hören vermag (und darüber hinaus). Die Tonlage der ersten Geigen ist fast immer höher als die der

Geige (Violine) und Bratsche (Viola) (Größenverhältnis ca. 1:1,25)

zweiten Geigen. Den »ersten« der ersten Geiger bezeichnet man als **Konzertmeister** des ganzen Orchesters. Dieser Begriff ist ein Überbleibsel aus dem späten 18. Jahrhundert, als er das Orchester noch dirigieren mußte. Vorher hatte der Cembalospieler das Orchester geleitet. Seit Anfang des 19. Jahrhunderts hat der **Dirigent** einen **Taktstock**, und erst seit Ende des 19. Jahrhunderts hat auch er sich zu einem »tonangebenden« Virtuosen entwickelt. Der Konzertmei-

Violon-cello

Kontrabaß

ster spielt jedoch weiterhin im wahrsten Sinne des Wortes eine führende Rolle, denn er kann wesentlich mithelfen, aus einer großen Anzahl kompetenter Individualisten ein flexibel reagierendes Ensemble zu formen. Und falls der Dirigent unerfahren ist, kann der Konzertmeister wieder unauffällig die Tradition des 18. Jahrhunderts weiterführen, indem er die anderen Orchestermitglieder dazu ermutigt, bei Pausen oder Tempowechseln auf die Spitze seines Bogens zu achten.

Die **Bratsche** ist etwas größer als die Geige. Ihre vier Saiten sind in c, g, d′ und a′ gestimmt. Sie wird im Altschlüssel notiert; bei hohen Tönen wird der Violinschlüssel verwendet. Die Orchesterstimmen gehen selten weit über c‴ hinaus, ausgenommen bei Stellen im Unisono oder in Oktaven mit anderen Streichern.

Das **Cello** ist erheblich größer als die Bratsche; sein vollständiger Name lautet **Violoncello**. Die Abkürzung wurde ursprünglich *»'cello«* geschrieben (*»'celli«* in der Mehrzahl); heute läßt man den Apostroph wegfallen. Die vier Saiten sind eine Oktave tiefer gestimmt als bei der Bratsche. Die Stimme wird im Baßschlüssel notiert, wobei für höhere Noten der Tenorschlüssel verwendet wird, für besonders hohe der Violinschlüssel; dies kann bis zum g″ hinaufgehen oder sogar noch höher.

Der **Kontrabaß** ist so groß, daß seine leeren Saiten in Quarten gestimmt werden müssen, weil die gegriffenen Töne so weit auseinanderliegen. Die vier Saiten sind in ,E, ,A, D und G gestimmt. Die Notation erfolgt im Baßschlüssel, eine Oktave höher als sie klingen. Es gibt auch Bässe mit fünf Saiten, deren zusätzliche Saite in ,C (bzw. „H) gestimmt ist.

Die Anzahl der Streicher im großen Orchester hängt von dem entsprechenden Verhältnis der Holzbläser und Schlaginstrumente in der **Instrumentation** ab. Für ein Programm mit einem großen Sinfonieorchester kann der Anteil der Streichinstrumente bei zwanzig ersten Geigen, achtzehn

zweiten Geigen, vierzehn Bratschen, zwölf Celli und acht Kontrabässen liegen.
Bei der Größe eines Orchesters gibt es erhebliche Unterschiede. Komponisten des ausgehenden 19. Jahrhunderts schrieben gelegentlich für nicht weniger als vier Flöten und Piccolo, vier Oboen und Englischhorn, vier Klarinetten und Baßklarinette, vier Fagotte und Kontrafagott, acht Hörner, vier Trompeten, vier Posaunen, Tuba, Pauken, Schlagwerk, zwei Harfen, Klavier, Orgel nebst Streichern. Seitdem hat es keine größere Orchesterbesetzung gegeben.

Kapitel 53: Italienische Begriffe und Abkürzungen beim Partiturlesen

Beim Versuch, einem Orchesterstück mit Hilfe einer **Taschenpartitur** zu folgen, wird man am Anfang oft durch ungeläufige italienische Begriffe, Zeichen und Abkürzungen irritiert. Diese haben jedoch alle einen praktischen Zweck. In Musikerkreisen ist Italienisch eine Art »Weltsprache«, die es Instrumentalisten in allen Ländern ermöglicht, die gleichen **Orchesterstimmen** zu verwenden. Zeichen und Abkürzungen sparen Arbeitszeit und Platz und machen das Notenbild übersichtlicher.
Die folgende Liste knüpft an die Ausdrücke und Zeichen an, die bereits in den Kapiteln 13 und 36 erwähnt wurden. Die meisten von ihnen findet man nicht nur bei Orchesterwerken wieder, sondern auch in Liedern, Instrumentalstükken, Kammermusik, **Klavierbearbeitungen** von Orchesterstücken und **Klavierauszügen** von Opern und Chorwerken (diese enthalten die Singstimmen und eine auf das Klavier reduzierte Fassung der Orchestermusik).

Einige Tempoangaben (vgl. auch S. 58ff.):

allargando – sich verbreiternd
calando – in Tempo und Lautstärke nachlassend
doppio movimento – doppeltes Tempo
l'istesso tempo – das gleiche Tempo (d. h. die Zählzeit bleibt gleich bei einem Wechsel der Taktvorzeichnung)
meno mosso – weniger bewegt, ruhiger (ein langsameres Tempo)
moderato – gemäßigt
più mosso – lebhafter (ein schnelleres Tempo)
rubato – wörtlich: »geraubt«; hier meint es: »Nimm dir Zeit, nicht streng das Tempo einhalten.«
stringendo – drängend, sich steigernd, schneller werdend
tempo giusto – genau im Tempo

Einige Angaben für Stimmung und Ausdruck (siehe auch die Tempoangaben S. 136, die sich auch auf die Stimmung des Stücks beziehen können):

agitato – aufgeregt, unruhig
allegro – schnell (und heiter)
allegretto – nicht ganz so schnell wie allegro
andante – ruhig bewegt
andantino – etwas schneller als andante
animato – beseelt, belebt
cantabile – gesanglich
dolce – süß, sanft
espressivo – ausdrucksvoll
giocoso – tändelnd, spielerisch
grazioso – anmutig, graziös
largamente – breit
leggiero – leicht, perlend, spritzig
lento doloroso – langsam und klagend
maestoso – majestätisch
morendo – ersterbend, verlöschend
pesante – schwer, gewichtig

risoluto – entschieden, energisch
semplice – einfach (ohne Verzierungen)
sostenuto – gehalten, getragen
tranquillo – ruhig, gelassen

Einige Ausdrücke, die für die Musikausübung wichtig sind:

assai – sehr, viel (z. B. Allegro assai)
attacca – ohne Pause sofort den nächsten Satz anschließen (*segue*, d. h. »es folgt«, ist ebenfalls gebräuchlich)
col bzw. *colla* – mit dem/der (z. B. *colla voce* – die freie Singstimme beim Rubato begleiten)
come – wie (z. B. *come prima* – wie vorher, nach einem kontrastierenden Abschnitt)
con – mit (z. B. *con sordino* – mit Dämpfer; ein Kunstgriff, um den Klang eines Instruments weicher zu machen)
ma – aber (z. B. *ma non troppo* – aber nicht zu sehr, nach einem Hinweis wie accel., rit., cresc. oder dim.)
ossia – oder (bei einer alternativen Fassung, meist in kleinen Noten geschrieben, wenn eine Stimme zu hoch oder zu tief liegt, so daß sie nur von einem außergewöhnlichen Sänger erreicht werden kann oder wenn eine Taktart den Worten einer Übersetzung angeglichen werden muß)
pizzicato – mit den Fingern gezupft (eine Anweisung für die Streicher; das Wort *arco* nach einer Pizzicato-Passage besagt, daß jetzt wieder mit Bogen gespielt werden soll)
poco – etwas, ein wenig; *poco a poco* – nach und nach, allmählich
quasi – fast, gleichsam (z. B. *quasi recitativo* – wie ein Rezitativ)
sempre – immer
senza – ohne (z. B. *senza rep.* – ohne Wiederholungen; *senza sordino* – ohne Dämpfer; *senza vibrato* – ohne Vibrato)
simile – ähnlich (dieser nützliche Ausdruck bezieht sich auf eine Passage, in der jede Note ein Zeichen wie einen

Akzent oder einen Staccato-Keil hat; das Zeichen muß dann jeweils nur über die erste Note geschrieben werden, dann folgt die Angabe *sim.*)

subito – sofort, plötzlich; im Sinne von »unerwartet« (z. B. *subito p*, z. B. nach einem langen Crescendo)

Einige Sonderzeichen in der Instrumentalmusik

Das Zeichen ⊓ bedeutet Abstrich, das Zeichen ∨ Aufstrich des Bogens.

Das Zeichen ○ über einer Note bezeichnet einen Partial-(Flageolett)ton, einen der schwachen Teiltöne der Obertonreihe, der auf einem Saiteninstrument durch die leichte Berührung einer Saite an einer bestimmten Stelle erzeugt werden kann. (Diese Stellen bezeichnet man als **Schwingungsknoten**: Sie treten auf, wenn die Amplitude bei der schwingenden Saite am geringsten ist und unterteilen sie in Abschnitte von 1:2, 1:3, 1:4, 1:5 usw.)

Eine Ziffer über einer Notengruppe bedeutet, daß wie bei einer Triole eine ungebräuchliche Anzahl von Noten auf einen Schlag kommt. Ein Beispiel:

Das Zeichen für ein Glissando ist eine schräge, oft gewellte Linie, die die Noten am Anfang und am Ende dieser Geschwindtour miteinander verbindet.

Glissandi werden auf Instrumenten wie der Harfe oder dem Klavier ausgeführt, wo man in rascher Auf- oder Abwärts-

bewegung durch die eigentlichen Noten huschen kann. Bei einem Streichinstrument oder einer Gesangsstimme gleitet man auch durch Töne, die kleiner sind als ein Halbton; dies bezeichnet man als **Portamento** (von Glissando spricht man aber auch bei Streichern).
Eine senkrechte, gewellte Linie vor einem Akkord bei Harfen- oder Tastenmusik gibt an, daß die Noten des Akkords nacheinander, von der tiefsten zur höchsten, gespielt werden sollen, was man als **Arpeggiando** bezeichnet. (In den seltenen Fällen, bei denen ein Arpeggiando-Akkord von der höchsten zur tiefsten Note gespielt werden soll, weist ein nach unten gerichteter Pfeil am Ende der gewellten Linie darauf hin.)
Der Zusatz **coll'8**^{va} über hohen Noten oder unterhalb der tiefen Noten eines Harfen- oder Klavierparts gibt an, daß die Noten jeweils eine Oktave höher zu spielen sind.
Das Zeichen **%** wird manchmal verwendet, um anzuzeigen, daß die Noten des vorangegangenen Takts wiederholt werden sollen:

geschrieben

gespielt

Eine Wiederholung der gleichen Spielfigur innerhalb eines Taktes kann mit den Zeichen **/** oder // angegeben werden:

geschrieben

gespielt

geschrieben

gespielt

Diese Zeichen werden nur in Orchesterpartituren und -stimmen verwendet, nicht in der Klaviermusik. Abkürzungen für die Wiederholung von Noten kann man jedoch in jedem geschriebenen oder gedruckten Notenmaterial finden:

geschrieben

gespielt

geschrieben

gespielt

geschrieben

gespielt

geschrieben

gespielt

Abkürzungen für Tremoli werden in allen Instrumentalstimmen häufig verwendet, auch bei Klaviermusik:

geschrieben

gespielt

geschrieben

gespielt

geschrieben

gespielt

geschrieben

gespielt

(Bei Streichinstrumenten kann sich das Wort **Tremolo** sowohl auf die rasche Wiederholung ein und derselben Note beziehen, wobei der Bogen sehr schnell hin und her bewegt wird, als auch auf schnelle Wechselnoten, die man als »Fingertremolo« bezeichnet.)
Ein **Wirbel** auf der Pauke, also das Tremolo einer Wiederholungsnote, wird mit *tr*~~~~~~~ angezeigt. Dieses etwas ungenaue Zeichen stammt aus dem 17. Jahrhundert, als die beiden Pauken immer in Tonika und Dominante gestimmt werden. Die Komponisten verwenden dieses Zeichen weiterhin für einen Wirbel, obwohl unter den veränderten Gegebenheiten der Musik des 20. Jahrhunderts durchaus ein wirklicher Triller auf zwei verschiedenen Noten verlangt werden könnte.

Teil XIII

Der Bruch mit der Tradition im 20. Jahrhundert

Kapitel 54: Jenseits der Tonarten

Die Komponisten standen zu Beginn des 20. Jahrhunderts vor einem Problem. Wagners chromatische Sequenzen und schwebende Akkorde hatten die normale diatonische Tonleiter bis zum äußersten angespannt. Seine unmittelbaren Nachfolger waren zunehmend unzufrieden mit dem alten System von Tonarten und Tonartenverwandtschaften. Dies bedeutete, daß sie statt der verwandten Klänge der Dur- bzw. Moll-Skala andere Intervalle finden mußten, um ein »Rohmaterial« für ihre Musik zu haben.

Es wurde viel experimentiert. Der Tritonus diente dabei als Dreh- und Angelpunkt – entweder melodisch, indem er sich in Ganztonschritten vom C bis zum Fis bewegte, oder harmonisch vom C-Dur-Dreiklang bis zum nicht verwandten Dreiklang von Fis-Dur. Man übernahm die Modi aus Volksliedern verschiedener Länder, zu denen auch die sogenannte »Zigeuner-Tonleiter« mit ihren zwei übermäßigen Sekunden gehörte, C Des E F G As H C. Einige Komponisten unternahmen Versuche mit Mikrotönen, indem sie **Vierteltöne** und **Sechsteltöne** als melodische Intervalle verwendeten. Andere schrieben ihre Melodien in zwei unterschiedlichen Tonarten **(Bitonalität)** oder mehreren verschiedenen Tonarten **(Polytonalität)**.

Das Wort **Tonalität** bedeutet »Bezug auf ein **tonales Zentrum«** (d. h. auf die Tonika eines Modus wie auch den Ausgangston einer Tonart). Im ersten Viertel des 20. Jahrhunderts gab es auch Komponisten, denen es nicht genügte, sich bloß des Dur-Moll-Systems zu entledigen; sie wollten die

Tonalität überhaupt hinter sich lassen. Dies führte zur **Atonalität**, bei der keine einzelne Note ein Übergewicht gegenüber einer anderen hat – das ist etwa so, als ob ein Verb seinen Einfluß auf die Hauptwörter in einem Satz verliert. Das Ergebnis war ein vorübergehendes Chaos.
Aus diesem führten nur zwei Wege wieder heraus, die man auch heute noch beschreitet. Der eine bestand darin, daß man sich an die Tonalität im weitesten Sinne hielt und ihr neue Inhalte gab. Dieser Weg ermöglichte es auch dem »normalen« Hörer, an einigen der bedeutendsten Werke unserer Zeit Gefallen zu finden, und half Anfängern und Laien, Musik des 20. Jahrhunderts zu singen bzw. zu spielen und nicht nur auf die Meisterwerke vergangener Epochen zurückzugreifen.
Ein anderer Weg aus dem Chaos der Atonalität bestand darin, sich dem völlig neuen System der **Technik der Komposition mit zwölf Tönen** zu verschreiben.

Kapitel 55: Zwölftonmusik, serielle Musik

Die »Technik der Komposition mit zwölf nur aufeinander selbst bezogenen Tönen« wurde Anfang der zwanziger Jahre als Ergebnis von Versuchen Arnold Schönbergs (1874–1951) entwickelt.
Die Methode beruht auf einer Einteilung der Oktave in zwölf Töne im Abstand eines Halbtons, wobei jede Note gleiches Gewicht hat. Die Noten werden nicht als Stufen einer chromatischen Tonleiter verwendet, sondern in eine feste Reihenfolge gebracht wie etwa:

e	es′	cis‴	c″	fis″	g′	f″	b	a″	h′	gis″	d′
1	2	3	4	5	6	7	8	9	10	11	12

Man kann jede beliebige Abfolge der zwölf gleichschwebend temperierten Töne für eine **Tonreihe** (bzw. **Serie**)

wählen, um eine Grundlage für eine vollständige **serielle Komposition** zu schaffen. Die Reihe wird vorwärts, rückwärts (krebsgängig), auf den »Kopf« gestellt (umgekehrt) und krebsgängig-umgekehrt verwendet, und sie kann in jede beliebige Tonlage wechseln. Sie kann auf verschiedene Instrumente oder Stimmen kontrapunktisch verteilt werden, solange sich die vorgegebene Notenfolge nur genau an die Reihe hält. Und sie kann auch vertikal zur Bildung von Akkorden benutzt werden. Diese Akkorde werden jedoch nicht wie Dreiklänge gebildet: Ihre Intervalle werden durch die Stellung der Note in der Reihe bestimmt. Sie können aus jeder beliebigen Zusammenstellung von drei bis zu zwölf Tönen bestehen. Aber die Akkordstrukturen der Zwölftonmusik bilden keine Kadenzen oder andere harmonische Fortschreitungen, wie man sie aus der tonalen Musik kennt, denn der Bezug zu einem Ausgangston fehlt.
Der Ausdruck **serielle Musik** bzw. **Reihentechnik** wird manchmal alternativ für die Zwölftonmusik gebraucht. Dies kann jedoch irritierend sein, denn es ist auch möglich, sich der seriellen Kompositionsweise zu bedienen, indem man weniger als zwölf Noten der Tonreihe benutzt. Serielle Kompositionen, bei denen wie in Schönbergs Methode alle zwölf Noten verwendet werden, gehören deshalb im eigentlichen Sinne zur **Zwölftonmusik** bzw. **Dodekaphonie**.
Einige Komponisten in der Nachfolge Schönbergs strebten die **vollständige Reihenbildung** an. Dies bedeutet, daß nicht nur die Töne, sondern auch Rhythmus und Dynamik dem »seriellen« Aufbau unterzuordnen sind. Die Zeitwerte werden in eine festgelegte Ordnung gebracht und die dynamischen Angaben so verteilt, daß sie systematisch regelmäßig wieder auftauchen.
Sich in einer Komposition, ob krebsgängig oder in Umkehrungen, streng an die gleiche Notenfolge zu halten, ist keineswegs neu. So etwas gibt es schon bei Bach im frühen 18. Jahrhundert. Ebensowenig ist es eine Neuerung, sich an eine Reihenordnung rhythmischer Schemata zu halten, was

etwa der englische Komponist John Dunstable bereits im frühen 15. Jahrhundert machte. Dunstable verwendete jedoch Gregorianische Gesänge, die jedermann in- und auswendig kannte, und so konnten ihm seine Hörer leicht folgen. Die seriellen Komponisten des 20. Jahrhunderts kennen ihre eigenen Tonreihen ebenfalls auswendig, aber für den »normalen« Musikfreund ist es beim ersten Hören nahezu unmöglich, einer solchen Reihe zu folgen. Selbst für die Interpreten ist es mitunter schwierig, die Orientierung zu behalten, besonders bei neueren Entwicklungen wie der sogenannten »seriellen Dichte«, bei der kein Instrument beim Eintritt mehr als einen Ton spielt. Es überrascht eigentlich nicht, daß einige Komponisten streng serieller Musik es als reizvoll empfanden, Werke für elektronische Aufführungen zu entwerfen.

Kapitel 56: Elektronische Entwicklungen

Elektronische Instrumente machen Geigen, Celli, Flöten, Hörner und Pauken überflüssig, denn ihre Schallschwingungen werden durch elektrische Impulse erzeugt. Die **elektronische Musik** bedarf auch keiner menschlichen Interpreten mehr, denn sie wird durch das Drehen eines Knopfes geregelt.
Die elektronische Musik ist ein direktes Ergebnis der technischen Reproduzierbarkeit von Musik. Das erste experimentelle Nebenprodukt von Studioaufnahmen und Rundfunkübertragungen wurde als **Musique concrète** bekannt. Töne – ob von Mensch, Tier, Pflanze oder Mineral – wurden auf Tonband aufgezeichnet, verstärkt, verlangsamt, schneller gemacht, umgekehrt und übereinandergelagert, bis sich aus ihnen eine noch nie zuvor gehörte Folge von Geräuschen bildete.
Die verzerrte Mischung von Obertönen, Differenztönen

und anderen Frequenzkombinationen, die in der elektronischen Musik angewandt werden, bringt Klänge hervor, die noch wesentlich ungewohnter erscheinen als die »altmodische« *Musique concrète* der frühen fünfziger Jahre. Elektronische Musik läßt sich nicht in dem üblichen musikalischen Notationssystem festhalten, denn ihre »Partitur« besteht aus einer Graphik mit Frequenzverhältnissen und Dezibelangaben. Sie kennt »Komplexe« statt Noten, und das, was in etwa einem Akkord entspricht, ist ein »Komplex von Komplexen«. Ihr höchster hörbarer Tonbereich kann noch grotesker klingen als das rascheste Abspulen eines Tonbands, und ihre dynamische Bandbreite kann den Zuhörer schwindelig machen. Als ein Experiment in der praktisch angewandten Akustik bietet die elektronische Musik faszinierende Möglichkeiten, da sie dem geregelten System eines logischen Entwurfs zu folgen vermag. Dem traditionellen Musiker, ob Profi oder Amateur, bringt sie jedoch nichts, und ebensowenig dem Lernbegierigen, der Musik zum Singen oder zum Spielen haben will.

Coda

Falls in einem Buch für Anfänger und musikausübende Laien Bemerkungen zur elektronischen Musik oder zu anderen noch spezielleren Bereichen wirklich das letzte Wort sein sollten, so wäre dies ein etwas düsterer Abschluß.
Es stimmt zwar, daß von der »Krise« des heutigen Musiklebens viel die Rede ist. Aber die Musik hat auch in der Vergangenheit viele Krisen überstanden, und die sogenannten »Übergangsphasen« haben einige der größten Genies hervorgebracht.
Die **Musiklernenden** sind freilich heute besser dran als noch in den ersten Jahrzehnten des 20. Jahrhunderts. Zunächst einmal gibt es eine gewaltige Fülle bedeutender Musikwerke, die nur darauf warten, jede Woche gehört zu werden. Ohne auch nur einen Schritt vor die Haustür machen zu müssen, kann man Schuberts Sinfonien lauschen, Mozarts Streichquartetten, Bachs Passionen, den ersten Versuchen der italienischen Oper, Consort-Musik, die schon Shakespeare gehört hat, wenn er zu Tisch saß, sowie mittelalterliche Motetten, die zu einer Zeit in den Kathedralen erklangen, als Chaucer seine *»Canterbury Tales«* oder Dante die *»Göttliche Komödie«* schrieb.
Eine Schallplatte oder eine Radioübertragung kann ein überwältigendes musikalisches Erlebnis bieten; man darf aber nicht vergessen, daß wir trotz all dieser segensreichen Errungenschaften dabei auch einiges verlieren. So etwa das unmittelbare Geben und Nehmen zwischen dem Interpreten und dem Publikum, das einen der wesentlichen Bestandteile des Musikhörens ausmacht. Und wenn wir uns die gleiche Platte immer wieder auflegen, bringen wir uns um das Einmalige dieser Aufführung. Musik ist nicht dazu gedacht, festgehalten zu werden und unverändert zu bleiben – jedes Mal, wenn sie gesungen oder gespielt wird, muß sie zu

neuem Leben erweckt werden. Deshalb haben Laiensänger und -instrumentalisten oft ein besseres Musikverständnis als Schallplattenhörer, selbst wenn jene die Stimmung oder den Takt manchmal nicht richtig halten können.

In den letzten Jahren wurde enorm viel unternommen, um musikausübende Amateure zu unterstützen. Heute kann man sagen, daß jeder, der bereit ist, einige Initiative aufzubringen, die Möglichkeit hat, eine elementare Musikschule zu besuchen, einem Laienchor oder -orchester oder einem Streich- oder Blockflötenensemble beizutreten. Glücklicherweise gibt es genug Musikstücke, die sich zum Singen und Spielen eignen; sie dürften für ein ganzes Leben ausreichen.

Es gibt nicht nur Volkslieder, mittelalterliche Chöre, Madrigale aus dem 16. und Tänze aus dem 17. Jahrhundert, deren Noten der Anfänger lernen kann, sondern auch aufregende zeitgenössische Werke, die speziell für Laien geschrieben wurden. So etwa Benjamin Brittens *»Noye's Fludde«*; darin finden sich Orchesterstimmen für Sopranblockflöte, Geigen mit »leeren Saiten«, Schul-Signalhörner, Handglocken aus einem Jugendzentrum und Schlaginstrumente, die man daheim selber machen kann, darunter eine Reihe Porzellanbecher, die an einer Schnur aufgehängt und mit einem Holzlöffel angeschlagen werden.

Zweifellos leben wir in einer Zeit, die dem Anfänger, der noch das musikalische Alphabet lernt, genügend Ansporn bietet.

Register

Verzeichnet sind die Hauptstellen. In der Regel ist das die Seite, auf der ein Begriff erstmals vorkommt (**halbfett** oder *kursiv* gesetzt) und definiert wird.

Reclam Wissen

Auswahl

Daten zur antiken Chronologie und Geschichte. Herausgegeben von Marieluise Deißmann. 213 S. UB 8628

O. A. W. Dilke: Mathematik, Maße und Gewichte in der Antike. 135 S. Mit Abbildungen. UB 8687

Ernst Doblhofer: Die Entzifferung alter Schriften und Sprachen. 351 S. Mit Abbildungen. UB 8854

Uwe Jochum: Kleine Bibliotheksgeschichte. 232 S. UB 8915

Angelika und Ingemar König: Der römische Festkalender der Republik. Feste, Organisation und Priesterschaften. 152 S. UB 8693

Ingemar König: Der römische Staat. Teil 1: Republik. 262 S. UB 8834

Heinrich Laag: Kleines Wörterbuch der frühchristlichen Kunst und Archäologie. 277 S. Mit einem Anhang altgriechischer Fachwörter und Abbildungen. UB 8633

Peter Niehenke: Astrologie. Eine Einführung. 277 S. Mit Abbildungen. UB 7296

Hans-Heinrich Voigt: Das Universum. Planeten – Sterne – Galaxien. Mit 28 Abbildungen und 8 Tabellen. 301 S. UB 5228

Joachim Wehler: Grundriß eines rationalen Weltbildes. 285 S. UB 8680

Philipp Reclam jun. Stuttgart